어린이 신新 사자소학

글 전통문화연구회   그림 이윤정   기획 바글바독연구소

도서출판 하담께

책을 펴내며

'전통문화연구회'와 '도서출판 함께'의 공동 기획으로 《어린이 신(新) 사자소학》을 펴내게 된 것을 매우 뜻깊게 생각합니다.

'전통문화연구회'는 한문으로 쓰인 동양고전 연구를 40년 동안 견실하게 수행해 온 연구 기관이고, '도서출판 함께'는 유소년 인문교육 분야에서 주목받는 어린이 도서 전문 출판사입니다. 21세기 어린이들이 전통의 뿌리를 이해하고, 미래를 열어갈 사고력을 키울 수 있도록 두 기관이 힘을 합쳤습니다.

《사자소학(四字小學)》은 조선시대의 "어린이 인문 교육 교재[小學]"입니다. 유교의 가르침을 네 글자씩 묶인 문구[四字]에 담아서 도덕과 예절을 쉽고 간결하게 가르치려 한 책이지요. 조선시대의 어린이들은 《사자소학》으로 한문의 기초를 배우고, 한문 문장을 읽고 쓰는 능력을 키울 수 있었습니다.

현대에 《사자소학》이 다시 주목받는 이유는, 간결한 문구와 그 안에 담긴 깊은 생각이 학생들의 사고력 증진에 큰 도움을 주기 때문입니다. 이 점에서 《사자소학》은 한문 학습의 교육적 기능을 대표하는 교재라고 할 수 있습니다.

사자소학에 담긴 유교적 가치관이 전부 지켜져야 한다고는 할 수 없습니다. 시대가 변하면 사람들의 생각도 바뀌기 마련이니까요. 하지만 고전을 오늘날 다시 돌아보는 것은 현대인의 정신에 여전히 남아 있는 전통적 사고의 뿌리를 이해하는 데 큰 도움이 됩니다. 그것은 우리 어린이들이 미래의 변화된 환경에서도 가치관의 중심을 잡고 성장할 힘을 키워 줄 것입니다.

편저자를 대표하여 **김 현**
(전통문화연구회회장, 한국학중앙연구원 명예교수)

사자소학이란?

《사자소학(四字小學)》은 '네 글자로 된 작은 공부 책'이라는 뜻입니다. 《소학》을 비롯한 여러 경전에서 어린이 눈높이에 맞는 내용만 뽑아 만들었습니다. 네 글자로 된 짧은 문장들 덕분에 외우기 쉬웠고, 오래 기억할 수 있었습니다. 아이들에게 꼭 맞는 교과서이자 첫 철학서였지요.

책에는 크게 다섯 가지 가르침이 담겨 있습니다. 부모님을 대하는 도리인 '효(孝)', 형제자매와의 관계를 다루는 '우애(友愛)', 스승과 어른을 대하는 예절인 '경장(敬長)', 친구를 사귀는 법에 관한 '붕우(朋友)', 자기 자신을 갈고 닦는 '수신(修身)'이 바로 그것입니다. 옛날 아이들은 《사자소학》으로 삶의 태도와 더불어 살아가는 마음, 삶의 지혜를 익혔습니다.

인쇄된 책이 귀하던 조선시대, 서당에서는 선생님과 아이들이 직접 손으로 베껴가며 《사자소학》을 공부했습니다. 시대는 변했지만, 그 안에 담긴 지혜의 가치는 여전히 빛납니다. 효, 우정, 공경처럼 시대가 흘러도 변치 않는 소중한 가치 덕분입니다. 책을 깊이 읽다 보면 '어떤 사람으로 성장할 것인가'라는 물음에 아이들 스스로 답을 찾을 수 있게 될 것입니다. 전통문화연구회의 한자 원문은 세계적으로도 그 가치를 인정받아 2025년엔 《사자소학》이 프랑스 대학의 한문 입문 교재로 채택되었습니다.

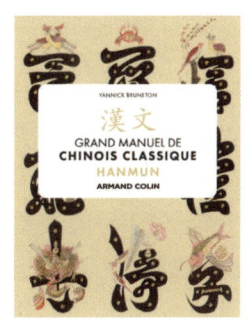

프랑스 대학의 교재로 공식 채택된 전통문화연구회의 《사자소학》

아무리 내용이 좋아도 딱딱하고 따분하다면 어린이의 마음에 닿을 수 없지요. 이 책은 《사자소학》에 현대적 감각을 불어넣었습니다. 옛 지혜를 아이들이 쉽게 이해할 수 있도록 교실과 집에서 일어나는 이야기로 풀어냈습니다. 현대와 고전이 뒤섞인 재치 있는 삽화는 볼수록 웃음이 나오지요. 이 책이 《어린이 신(新) 사자소학》인 이유입니다.

전통문화연구회

이 책의 구성

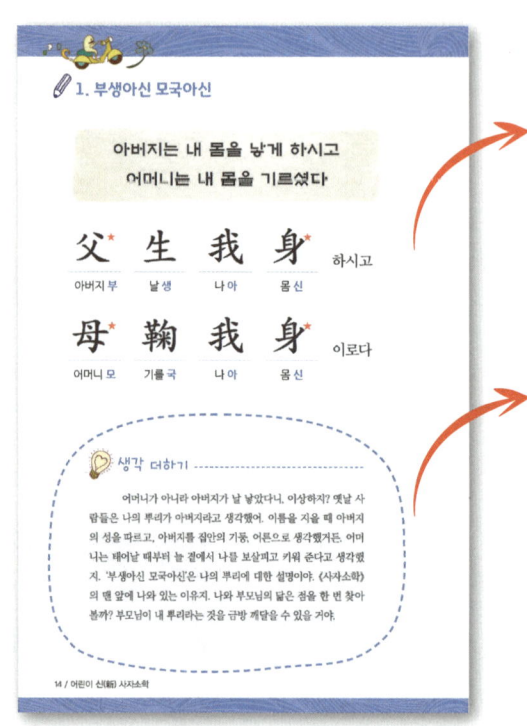

*사자소학 원문
한자의 뜻과 음을 익히고
담겨 있는 의미를 파악해요.

*생각 더하기
스스로 생각하며
사자소학의 가르침을
더 깊이 이해할 수 있어요.

* 꼭 알아야 하는 한자는 ★표시가 되어 있어요.
'한자 어휘 공부'에서 배워 봐요!

*이야기 마당

사자소학의 가르침이 담긴 이야기를 재미있는 삽화와 함께 읽어 보세요.

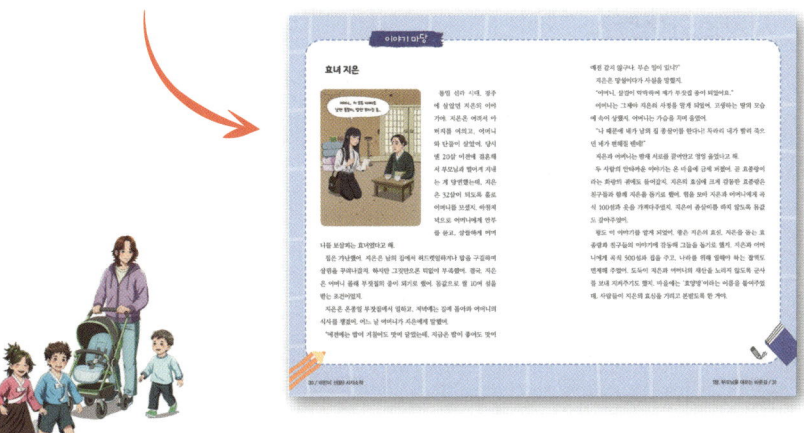

*한자 어휘 공부

꼭 알아야 할 한자 어휘를 배워 봐요.
또박또박 한자를 따라 쓰다 보면 어려웠던
한자와 더 가까워질 수 있답니다!

母 어머니 모 | 8급

* 한자의 뜻, 음과 함께
한자 급수도 표시되어 있어요!

목차

책을 펴내며 ················ 2
사자소학이란? ············ 3
이 책의 구성 ··············· 4

1장. 부모님을 대하는 바른길 (부모/효도)

01 부생아신 모국아신　父生我身 母鞠我身 ················ 14
02 이의온아 이식포아　以衣溫我 以食飽我 ················ 15
03 은고여천 덕후사지　恩高如天 德厚似地 ················ 16
04 일기부모 기죄여산　一欺父母 其罪如山 ················ 17
이야기 마당 하늘과 땅 ························ 18
05 부모호아 유이추진　父母呼我 唯而趨進 ················ 20
06 부모유명 부수경청　父母有命 俯首敬聽 ················ 21
07 사필품행 무감자전　事必稟行 無敢自專 ················ 22
08 설리구순 맹종지효　雪裏求筍 孟宗之孝 ················ 23
이야기 마당 하늘이 감동한 효성 ············ 24

09 실당유진 상필쇄소　室堂有塵　常必灑掃 ………… 26

10 부모출입 매필기립　父母出入　每必起立 ………… 27

11 출필고지 반필면지　出必告之　反必面之 ………… 28

12 신물원유 유필유방　愼勿遠遊　遊必有方 ………… 29

이야기 마당 효녀 지은 ………… 30

13 아신능현 예급부모　我身能賢　譽及父母 ………… 32

14 아신불현 욕급부모　我身不賢　辱及父母 ………… 33

15 부모애지 희이물망　父母愛之　喜而勿忘 ………… 34

16 부모책지 반성물원　父母責之　反省勿怨 ………… 35

17 부모유질 우이모추　父母有疾　憂而謀瘳 ………… 36

이야기 마당 효자의 기적 ………… 37

18 물등고수 부모우지　勿登高樹　父母憂之 ………… 40

19 물여인투 부모불안　勿與人鬪　父母不安 ………… 41

20 신체발부 물훼물상　身體髮膚　勿毀勿傷 ………… 42

21 비유선조 아신갈생　非有先祖　我身曷生 ………… 43

이야기 마당 내 몸은 부모님께 받은 소중한 선물 ………… 44

– 한자 어휘 공부 : 부모, 천지, 산림, 교실 ………… 46

2장. 형제 사이의 바른길

01 형제자매 동기이생　兄弟姉妹 同氣而生 ·············· 50
02 형우제공 불감원노　兄友弟恭 不敢怨怒 ·············· 51
03 형제이이 행즉안항　兄弟怡怡 行則雁行 ·············· 52
04 침즉연금 식즉동상　寢則連衾 食則同牀 ·············· 53
이야기 마당 강굉과 두 동생 ····························· 54
05 분무구다 유무상통　分毋求多 有無相通 ·············· 57
06 일배지수 필분이음　一杯之水 必分而飮 ·············· 58
07 일립지식 필분이식　一粒之食 必分而食 ·············· 59
이야기 마당 황금을 버린 형제 ··························· 60
08 형제유난 민이사구　兄弟有難 悶而思救 ·············· 62
09 아유환락 형제역락　我有歡樂 兄弟亦樂 ·············· 63
10 아유우환 형제역우　我有憂患 兄弟亦憂 ·············· 64
11 형제화목 부모희지　兄弟和睦 父母喜之 ·············· 65
이야기 마당 정약용과 정약전 형제의 우애 ············ 66
– 한자 어휘 공부 : 형제, 공동, 음료, 음악 ················ 68

3장. 스승과 어른을 대하는 바른길

01 사사여친 필공필경　事師如親　必恭必敬 ········· 72
02 선생시교 제자시칙　先生施教　弟子是則 ········· 73
03 능효능제 막비사은　能孝能悌　莫非師恩 ········· 74
04 능지능행 총시사공　能知能行　總是師功 ········· 75

이야기 마당 부모님처럼 공자를 받들었던 자공 ········· 76

05 숙흥야매 물라독서　夙興夜寐　勿懶讀書 ········· 78
06 근면공부 부모열지　勤勉工夫　父母悅之 ········· 79
07 시습문자 자획해정　始習文字　字畫楷正 ········· 80
08 서책랑자 매필정돈　書册狼藉　每必整頓 ········· 81

이야기 마당 김만중과 어머니 ········· 82

09 장자자유 유자경장　長者慈幼　幼者敬長 ········· 84
10 장자지전 진퇴필공　長者之前　進退必恭 ········· 85
11 빈객래방 접대필성　賓客來訪　接待必誠 ········· 86

이야기 마당 손님을 대하는 마음, 주공의 가르침 ········· 87

- 한자 어휘 공부 : 선생, 독서, 장단, 정직 ········· 90

4장. 친구 사이의 바른길

- 01 인지재세 불가무우　人之在世 不可無友 ········· 94
- 02 이문회우 이우보인　以文會友 以友輔仁 ········· 95
- 03 언이불신 비직지우　言而不信 非直之友 ········· 96
- 04 견선종지 지과필개　見善從之 知過必改 ········· 97
- **이야기 마당** 사람다움을 찾아가는 길 ··············· 98
- 05 우기정인 아역자정　友其正人 我亦自正 ········· 100
- 06 종유사인 아역자사　從遊邪人 我亦自邪 ········· 101
- 07 근묵자흑 근주자적　近墨者黑 近朱者赤 ········· 102
- **이야기 마당** 맹자 이야기, 환경이 사람을 만든다 ········· 103
- 08 붕우유과 충고선도　朋友有過 忠告善導 ········· 106
- 09 인무책우 이함불의　人無責友 易陷不義 ········· 107
- 10 택이교지 유소보익　擇而交之 有所補益 ········· 108
- 11 불택이교 반유해의　不擇而交 反有害矣 ········· 109
- **이야기 마당** 올바른 충고의 말 ························ 110
- – 한자 어휘 공부 : 우정, 흑백, 교류, 과거, 언어, 충고 ········ 113

5장. 자기수양의 바른길

- 01 비례물시 비례물청　非禮勿視 非禮勿聽 ········· 118
- 02 비례물언 비례물동　非禮勿言 非禮勿動 ········· 119
- 03 행필정직 언즉신실　行必正直 言則信實 ········· 120
- 04 용모단정 의관정제　容貌端正 衣冠整齊 ········· 121
- **이야기 마당** 안연과 공자, 바른길을 묻다 ········· 122
- 05 작사모시 출언고행　作事謀始 出言顧行 ········· 126
- 06 덕업상권 과실상규　德業相勸 過失相規 ········· 127
- 07 예속상교 환난상휼　禮俗相交 患難相恤 ········· 128
- **이야기 마당** 마을의 약속, 향약 ········· 129
- 08 수신제가 치국지본　修身齊家 治國之本 ········· 132
- 09 독서근검 기가지본　讀書勤儉 起家之本 ········· 133
- 10 충신자상 온양공검　忠信慈祥 溫良恭儉 ········· 134
- 11 인지덕행 겸양위상　人之德行 謙讓爲上 ········· 135
- **이야기 마당** 같은 마음을 지닌 사람들, 공자의 가르침 ········· 136
- 12 막담타단 미시기장　莫談他短 靡恃己長 ········· 138
- 13 기소불욕 물시어인　己所不欲 勿施於人 ········· 139
- 14 손인리기 종시자해　損人利己 終是自害 ········· 140
- 15 화복무문 유인소소　禍福無門 惟人所召 ········· 141
- **이야기 마당** 주양유의 몰락과 청렴한 선비 홍기섭 ········· 142
- – 한자 어휘 공부 : 가정, 창문, 근본, 신체 ········· 146

1장

어린이 신(新) 사자소학

부모님을 대하는 바른길

1. 부생아신 모국아신

> 아버지는 내 몸을 낳게 하시고
> 어머니는 내 몸을 기르셨다

父 生 我 身 하시고
아버지 부 / 날 생 / 나 아 / 몸 신

母 鞠 我 身 이로다
어머니 모 / 기를 국 / 나 아 / 몸 신

💡 생각 더하기

　　어머니가 아니라 아버지가 날 낳았다니, 이상하지? 옛날 사람들은 나의 뿌리가 아버지라고 생각했어. 이름을 지을 때 아버지의 성을 따르고, 아버지를 집안의 기둥, 어른으로 생각했거든. 어머니는 태어날 때부터 늘 곁에서 나를 보살피고 키워 준다고 생각했지. '부생아신 모국아신'은 나의 뿌리에 대한 설명이야. 《사자소학》의 맨 앞에 나와 있는 이유지. 나와 부모님의 닮은 점을 한번 찾아볼까? 부모님이 내 뿌리라는 것을 금방 깨달을 수 있을 거야.

2. 이의온아 이식포아

옷으로써 나를 따뜻하게 하시고
밥으로써 나를 배부르게 하셨다

以	衣	溫	我	하시고
써 이	옷 의	따뜻할 온	나 아	

以	食	飽	我	로다
써 이	밥 식	배부를 포	나 아	

생각 더하기

사람이 살아가려면 기본적으로 '의식주'가 필요해. 입는 것, 먹을 것, 사는 곳을 의미하지. 우리의 의식주는 대부분 부모님이 책임져 주시잖아. '이의온아 이식포아'는 아버지와 어머니가 우리를 키울 때 어떤 노력을 하시는지 알려 주는 말이야. 부모님이 나에게 어떤 의식주를 마련해 주셨는지 하나씩 떠올려 보자. 오늘 내가 입은 옷을 떠올려 봐도 좋고, 어제 맛있게 먹은 저녁 식사를 떠올릴 수도 있겠지?

3. 은고여천 덕후사지

> 은혜는 높기가 하늘과 같고
> 덕은 두텁기가 땅과 같다

恩	高	如	天*	하고
은혜 은	높을 고	같을 여	하늘 천	

德	厚	似	地*	니라
덕 덕	두터울 후	같을 사	땅 지	

💡 생각 더하기

옛날 사람들은 부모님을 하늘과 땅에 비유했어. 하늘과 땅이 있기 때문에 세상이 존재한다고 생각했거든. 아버지와 어머니가 있기 때문에 내가 존재하는 것과 닮았지. '은고여천 덕후사지'는 부모님의 은혜가 크고 넓다는 것을 뜻하는 말이기도 해. 하늘과 땅은 눈으로 볼 수 있는 것 중에선 가장 크고 넓잖아. 아주 크고 대단한 것을 표현하는 방법엔 또 뭐가 있을까?

4. 일기부모 기죄여산

> 한 번이라도 부모님을 속이면
> 그 죄가 산과 같다

一	欺	父	母	면
하나 **일**	속일 **기**	아버지 **부**	어머니 **모**	

其	罪	如	山	이니라
그 **기**	허물 **죄**	같을 **여**	뫼 **산**	

생각 더하기

"별거 아닌 거짓말 한 번쯤은 괜찮지 않을까?" 하고 생각한 적 있니? 작은 거짓말은 또 다른 거짓말을 부르는 법이야. "바늘 도둑이 소도둑 된다."라는 말도 있잖아. 거짓말 한 번에 사람 사이의 믿음이 깨질 수도 있어. 나에게 하늘과 땅만큼 큰 은혜를 주시는 부모님에겐 더욱 거짓말을 하면 안 되겠지? 옛날에 거짓말을 한 적이 있다면 떠올려 보고, 이번 기회에 반성해 보자.

이야기 마당

하늘과 땅

옛날 우리 조상들은 세상의 모든 것에 음과 양의 기운이 있다고 생각했어. 밤이 있으면 아침이 있고, 땅이 있으면 하늘이 있고, 차가움과 따뜻함이 있는 것처럼 말이야. 음양이 서로 조화를 이루어야 한다고 여겼지.

음과 양에 대해선 들어 본 적 있을 거야. 건전지에도 음극과 양극이 있잖아. 자주 쓰이는 말이지만, 음양이 무엇인지 정확히 아는 사람은 많지 않은 것 같아. 이번에 자세히 알아보자.

음(陰)은 온순하고, 부드럽고, 내향적인 성질을 가지고 있어. 옛날 사람들은 주로 여성이 음의 기운을 가진다고 생각했지. 땅은 음을 대표하는 상징이야.

양(陽)은 반대야. 건강하고, 힘차고, 외향적인 성질을 가진 게 양의 기운이지. 옛날 사람들은 남성이 양의 기운을 가진다고 여겼어. 하늘이 양을 상징해.

아버지와 어머니는 어떤 기운이 있을까? 아버지는 양의 기운, 어머니는 음의 기운이 있지. 아버지를 하늘에, 어머니를 땅에 비유하는 것도 이것 때문이야.

옛날 사람들은 하늘이 세상 모든 것에 생명을 불어넣어 주고, 땅이 생명을 길러 낸다고 여겼어. 하늘과 땅이 있어서 세상이 존재한다고 믿을 정도였지. "아버지는 내 몸을 낳게 하시고, 어머니는 내 몸을 기르셨다."라는 말도 이런 생각에서 생겨난 거야. 하늘인 아버지, 땅인 어머니가 없었다면 '나'라는 세상도 존재할 수 없겠지?

  음과 양은 균형과 조화를 이루어야 해. 음의 기운이 없이 양의 기운만 많아도, 반대로 양의 기운 없이 음의 기운만 많아도 세상이 제대로 만들어질 수 없거든.

  이제 음양의 조화가 무엇인지 알겠니? 음과 양에 대해서 잘 알아 두면 옛날 사람들의 말을 이해하는 데에 도움이 될 거야.

5. 부모호아 유이추진

> 부모님께서 나를 부르시거든
> 빨리 대답하고 달려 나가고

父	母	呼	我	어든
아버지 부	어머니 모	부를 호	나 아	

唯	而	趨	進	하고
빨리 대답할 유	말 이을 이	달릴 추	나아갈 진	

 생각 더하기

　　　스마트폰을 보거나 게임을 하다가 부모님이 부르시는 것을 못 들은 척 무시한 적 있지 않아? 돌아보지도 않고 "왜~" 하고 대충 대답한 적도 있을 거야. 옛날엔 부모님이 부르면 바로 "네!" 하고 대답하고 달려가는 것도 효도라고 생각했어. 물론 매번 곧장 달려 나가는 건 힘들 수도 있어. 큰 소리로 대답부터 해 보자. 쉬운 일부터 차근차근 해 보면 금방 습관이 될 거야.

6. 부모유명 부수경청

> 부모님께서 명하시는 것이 있거든
> 머리를 숙이고 공경하며 들어라

父 母 有 命 이어든
아버지 부 어머니 모 있을 유 명령(목숨) 명

俯 首 敬 聽 하라
구부릴 부 머리 수 공경 경 들을 청

 생각 더하기

　　부모님의 잔소리나 심부름이 귀찮을 때가 있어. 나도 모르게 몸이 삐딱해지거나 짜증 내는 목소리로 대답하게 되지. '부모유명 부수경청'은 부모님 말씀을 들을 때 내 태도를 돌아보라는 말이야. 마음은 몸가짐에 그대로 드러나거든. 몸가짐을 바르게 하고 부모님 말씀에 귀를 기울여 봐. 차분히 듣다 보면 나에게 도움이 될 거야.

7. 사필품행 무감자전

> 일은 반드시 여쭈어 행하고
> 감히 자기 멋대로 하지 말라

事 必 稟 行 하고
일 사 반드시 필 여쭐 품 행할 행

無 敢 自 專 하라
없을 무 감히 감 스스로 자 제멋대로할 전

 생각 더하기

처음 해 보는 일은 실수하기 쉬워. 별거 아니라고 생각했던 일에서 사고가 나기도 하지. '사필품행 무감자전'은 일을 하고 결정하기 전에 부모님이나 주변 어른에게 먼저 이야기하라는 뜻이야. 어른의 조언을 듣고 실수를 줄이거나 사고를 예방할 수 있거든. 미리 나의 일을 알고 계신다면, 문제가 생겨도 부모님이 더 빨리 도와주실 수 있지. 부모님의 조언을 듣고 고민을 해결한 적이 있지 않니? 한번 떠올려 보자.

8. 설리구순 맹종지효

> 눈 속에서 죽순을 구한 것은
> 맹종의 효도이다

雪 裏 求 筍 은
눈 설 속 리 구할 구 죽순 순

孟 宗 之 孝 니라
맏 맹 마루 종 어조사 지 효도 효

생각 더하기

맹종은 중국 옛이야기에 나오는 효자의 이름이야. 겨울에 죽순을 따서 어머니에게 드렸다는 이야기가 전해지고 있어. 죽순은 대나무의 싹인데, 봄에만 구할 수 있거든. 맹종의 효성에 감동한 하늘이 도와준 거야. 옛날 사람들은 효를 아주 중요하게 여겨서 효도에 관한 옛이야기가 많이 전해지고 있어. 조선 시대에는 세종대왕이 효자, 열녀, 충신 이야기를 담은 《삼강행실도》라는 책을 펴내 백성들이 읽게 하기도 했지.

이야기 마당

하늘이 감동한 효성

옛날 중국 삼국시대 오나라에 살았던 맹종의 이야기야. 맹종은 나랏일을 하는 관리였는데, 어려서부터 효자로 유명했어. 나이 든 어머니를 지극정성으로 보살폈지.

어느 겨울. 맹종의 어머니가 병에 걸려 며칠째 앓고 계셨어. 맹종은 어머니가 하루빨리 건강을 되찾으시길 바라며 곁을 지켰지. 그런데 어머니가 힘없는 목소리로 죽순이 먹고 싶다고 하시는 거야. 한겨울에 죽순을 구할 수 있을 리 없어. 하지만 맹종은 어머니가 죽순을 먹고 얼른 기운을 차리시길 바랐어.

무작정 대나무 숲으로 향한 맹종은 온종일 죽순을 찾아 헤맸어. 어느새 날이 저물고 밤이 되었지. 죽순은 보이지 않았어. 맹종은 털썩 주저앉고 말았어.

"어머니께 꼭 죽순을 드리고 싶었는데…."

맹종은 속이 상해서 엉엉 울음을 터뜨렸어. 그러자 놀라운 일이 벌어졌어. 눈물이 떨어진 자리에 죽순이 솟아난 거야! 맹종은 얼른 죽순을 따서 어머니께 가져다드렸어. 어머니도 아주 기뻐하셨지.

이 이야기는 사람들 사이에 금세 퍼졌어. 한겨울에 죽순을 구하다니! 다들 맹종의 효심에 하늘이 감동해서 기적을 일으킨 거라고 입을 모았지. 훗날 사람들은 맹종의 이름을 따서 대나무에 '맹종죽'이라는 이름을 붙여 주었어.

시간이 흘러 맹종은 다른 지역의 관리가 됐어. 봉급이 너무 적어

서 어머니와 함께 살 수는 없었어. 게다가 허가 없이는 관리들이 일하는 곳을 떠나선 안 된다는 법이 있어서, 어머니를 뵈러 찾아갈 수도 없었지. 하지만 맹종의 효심은 여전했어. 좋은 음식을 얻어도 어머니에게 보내지 못하면 자신도 절대 먹지 않았어. 몸이 떨어져 있어도 항상 어머니를 먼저 생각한 거지.

시간이 흐른 어느 날, 어머니가 세상을 떠나셨다는 소식이 전해졌어. 맹종은 관직도 버리고 한달음에 고향으로 달려갔지. 법을 어겨 큰 벌을 받을 수도 있었지만, 상관하지 않았어. 맹종은 어머니를 잃은 슬픔에 엉엉 울며 장례를 치렀다고 해. 이야기를 전해 들은 왕은 맹종의 효심에 감동해서 벌을 내리지 않았어.

맹종은 훌륭한 성품과 효성으로 많은 사람들의 존경을 받았어. 훗날 능력을 인정받은 맹종은 아주 높은 벼슬까지 올라갔다고 해.

9. 실당유진 상필쇄소

> 방과 거실에 먼지가 있으면
> 항상 반드시 물 뿌리고 청소하라

室	堂	有	塵	이면
집 실	집 당	있을 유	티끌 진	

常	必	灑	掃	하라
항상 상	반드시 필	물 뿌릴 쇄	쓸 소	

 생각 더하기

　　방 청소 좀 하라는 잔소리 들어 본 적 있지? 방이 더러우면 건강에도 좋지 않고, 마음도 어수선해져. '실당유진 상필쇄소'는 주변을 항상 깨끗하게 정돈하라는 뜻이야. 집 전체를 매일 청소하려면 힘들겠지만, 내 방을 스스로 정리하는 건 어렵지 않아. 물건을 사용하면 바로 정리하고, 매일 한 가지씩 청소하면 늘 방을 깨끗하게 유지할 수 있을 거야.

 10. 부모출입 매필기립

> 부모님께서 출입하시거든
> 매번 반드시 일어서라

父	母	出	入	이어든
아버지 부	어머니 모	날 출	들 입	

每	必	起	立	하라
매양 매	반드시 필	일어날 기	설 립	

 생각 더하기

　　옛날 사람들은 부모님이 오가실 때 꼭 일어나서 맞이해야 한다고 생각했어. 우리도 해 보자. 부모님과 눈을 맞추며 "다녀오셨어요?"라고 인사하는 거야. 부모님이 나가실 땐 "다녀오세요." 하고 인사하면 되지. 우리도 누군가 반갑게 맞아 주면 기분이 좋잖아. 부모님도 마찬가지일 거야. 오늘 바로 실천해 보자.

11. 출필고지 반필면지

밖에 나갈 때에는 반드시 아뢰고
돌아오면 반드시 뵈어라

出	必	告*	之	하고
날 **출**	반드시 **필**	아뢸 **고(곡)**	어조사 **지**	

反	必	面	之	하라
돌이킬 **반**	반드시 **필**	뵈올 **면**	어조사 **지**	

 생각 더하기

부모님이 내가 방에 있는 걸 모르고 어디 있냐고 찾은 적 있지 않니? '출필고지 반필면지'를 지켰다면 부모님이 괜한 걱정을 하실 필요가 없었을 거야. 밖을 나갈 땐 어디에 가는지 말씀드리고, 돌아와서는 "다녀왔습니다." 하고 인사하는 거지. 예정보다 집에 돌아오는 시간이 늦어지면 미리 연락을 드려도 좋겠지? 부모님이 집에 계시지 않더라도 문자나 전화로 내가 어디에 있는지 꼭 연락드려야 해. 그것만으로도 부모님의 걱정이 한결 줄어들 거야.

12. 신물원유 유필유방

> 부디 먼 곳에 가서 놀지 말며
> 놀더라도 반드시 일정한 곳이 있게 하라

愼 勿 遠 遊 하고
삼갈 **신**　말 **물**　멀 **원**　놀 **유**

遊 必 有 方 하라
놀 **유**　반드시 **필**　있을 **유**　방소 **방**

 생각 더하기

　　평소에 잘 가지 않는 낯선 곳에 가면 불안해져. 부모님도 나를 많이 걱정하실 거야. 지금은 핸드폰이 있으니 바로 연락해서 찾을 수 있지만, 핸드폰도 없던 옛날엔 걱정이 더 크셨겠지? '신물원유 유필유방'은 나를 걱정하는 부모님의 마음이 담겨 있는 말이야. 부모님이 걱정하시지 않도록 항상 안전한 곳에서 놀고, 나의 위치를 알려야 해. 미리 연락하면 "대체 어디 있는 거니?" 하고 화내실 일도 없겠지?

이야기 마당

효녀 지은

통일 신라 시대, 경주에 살았던 지은의 이야기야. 지은은 어려서 아버지를 여의고, 어머니와 단둘이 살았어. 당시엔 20살 이전에 결혼해서 부모님과 떨어져 지내는 게 당연했는데, 지은은 32살이 되도록 홀로 어머니를 모셨지. 아침저녁으로 어머니에게 안부를 묻고, 살뜰하게 어머니를 보살피는 효녀였다고 해.

 집은 가난했어. 지은은 남의 집에서 허드렛일을 하거나 밥을 구걸하며 살림을 꾸려 나갔지. 하지만 그것만으론 턱없이 부족했어. 결국, 지은은 어머니 몰래 부잣집의 종이 되기로 했어. 몸값으로 쌀 10여 섬을 받는 조건이었지.

 지은은 온종일 부잣집에서 일하고, 저녁에는 집에 돌아와 어머니의 식사를 챙겼어. 어느 날 어머니가 지은에게 말했어.

 "예전에는 밥이 거칠어도 맛이 달았는데, 지금은 밥이 좋아도 맛이

예전 같지 않구나. 무슨 일이 있니?"

지은은 망설이다가 사실을 말했지.

"어머니, 살길이 막막하여 제가 부잣집 종이 되었어요."

어머니는 그제야 지은의 사정을 알게 되었어. 고생하는 딸의 모습에 속이 상했지. 어머니는 가슴을 치며 울었어.

"나 때문에 네가 남의 집 종살이를 한다니! 차라리 내가 빨리 죽으면 네가 편해질 텐데!"

지은과 어머니는 밤새 서로를 끌어안고 엉엉 울었다고 해.

두 사람의 안타까운 이야기는 온 마을에 금세 퍼졌어. 곧 효종랑이라는 화랑의 귀에도 들어갔지. 지은의 효심에 크게 감동한 효종랑은 친구들과 함께 지은을 돕기로 했어. 힘을 모아 지은과 어머니에게 곡식 100섬과 옷을 가져다주었지. 지은이 종살이를 하지 않도록 몸값도 갚아 주었어.

왕도 이 이야기를 알게 되었어. 왕은 지은의 효심, 지은을 돕는 효종랑과 친구들의 이야기에 감동해 그들을 돕기로 했지. 지은과 어머니에게 곡식 500섬과 집을 주고, 나라를 위해 일해야 하는 잡역도 면세해 주었어. 도둑이 시은과 어머니의 재산을 노리지 않도록 군사를 보내 지켜 주기도 했지. 마을에는 '효양방'이라는 이름을 붙여 주었대. 사람들이 지은의 효심을 기리고 본받도록 한 거야.

13. 아신능현 예급부모

> 내 몸이 능히 어질면
> 명예가 부모님께 미치느니라

我 身 能 賢 이면
나 아 / 몸 신 / 능할 능 / 어질 현

譽 及 父 母 니라
명예 예 / 미칠 급 / 아버지 부 / 어머니 모

💡 생각 더하기

　　칭찬을 들으면 기분이 좋지? 칭찬을 들은 나만큼이나 기뻐하는 사람이 있어. 바로 부모님이야. 나를 칭찬하는 사람들이 자식을 참 잘 키웠다며 부모님까지 칭찬하기도 해. '아신능현 예급부모'는 내가 착하고 바르게 행동하면 나와 부모님 모두를 빛낸다는 뜻이야. 칭찬도 받고, 부모님께 효도도 할 수 있는 일을 찾아 실천해 보자. 친구를 도와주거나 스스로 숙제를 끝내는 등 작은 행동부터 시작하는 거야.

14. 아신불현 욕급부모

> 내 몸이 어질지 못하면
> 욕이 부모님께 미치느니라

我 身 不 賢 이면
나 아 몸 신 아닐 불 어질 현

辱 及 父 母 니라
욕될 욕 미칠 급 아버지 부 어머니 모

 생각 더하기

　　나의 착한 행동이 부모님의 명예로 이어지는 것처럼, 나의 나쁜 모습도 부모님께 고스란히 전해져. 사람들이 나를 보며 "도대체 어떤 가정에서 자랐길래 저럴까?" 하고 수군거릴 테니까. 물론, 부모님도 나의 잘못된 행동을 보고 속이 상하시겠지. 나의 행동 하나하나가 나뿐만 아니라 부모님께도 영향을 줄 수 있다는 걸 꼭 기억해야 해. 나의 평소 행동을 돌아보고 잘못된 행동은 조금씩 고쳐 나가자.

15. 부모애지 희이물망

> 부모님께서 사랑해 주시면
> 기뻐하며 잊지 말라

父	母	愛	之	어든
아버지 부	어머니 모	사랑 애	어조사 지	

喜	而	勿	忘	하라
기쁠 희	말 이을 이	말 물	잊을 망	

 **생각 더하기**

우리는 태어나고 자라 어른이 되기까지 부모님의 보살핌을 받아. 어른이 된 후에도 부모님의 보살핌은 계속 이어지지. 오랫동안 나를 돌보려면 엄청난 노력과 사랑이 필요해. '부모애지 희이물망'은 부모님의 사랑을 당연하게 여기지 말고 감사하는 마음을 잊지 말라는 뜻이야. 오늘은 부모님이 나를 위해 해주신 일 한 가지를 떠올려보자. 부모님께 직접 "감사합니다."하고 말해보는 것도 좋아. 부모님도 기뻐하실 거야.

16. 부모책지 반성물원

> 부모님께서 꾸짖으시면
> 반성하고 원망하지 말라

父	母	責	之	어든
아버지 부	어머니 모	꾸짖을 책	어조사 지	

反	省	勿	怨	하라
돌이킬 반	살필 성	말 물	원망할 원	

 생각 더하기

　　더 나은 사람으로 훌륭하게 성장하려면 자신을 돌아보고 반성할 줄 알아야 해. 부모님의 꾸중 속에도 내가 잘못을 고치고 성장하기를 바라는 마음이 담겨 있어. '부모책지 반성물원'은 혼이 나면 원망하기 전에 나의 행동을 돌아보라는 뜻이야. 속상하고 억울한 마음이 앞서도 일단 마음을 차분히 가라앉혀야 해. "왜 혼을 내신 걸까?" 하고 말씀을 되짚어 보면 부모님의 진심을 헤아릴 수 있을 거야.

17. 부모유질 우이모추

> 부모님께서 병을 앓으시면
> 근심하고 낫게 하기를 꾀하라

父*	母*	有	疾	이어든
아버지 부	어머니 모	있을 유	병 질	

憂	而	謀	瘳	하라
근심 우	말 이을 이	꾀 모	나을 추	

 생각 더하기

아픈 부모님을 보면 걱정이 되는데, 어떻게 해야 할지 몰라서 막막할 때가 있어. '부모유질 우이모추'는 부모님이 편찮으실 때 빨리 나으실 수 있도록 노력하라는 뜻이야. 어렵게 생각하지 말고, 내가 할 수 있는 일부터 하면 돼. 물 한 잔을 가져다드리거나 곁에서 심부름하는 것도 큰 도움이 돼. 스스로 방을 청소하고 숙제를 해 놓는 것도 부모님 걱정을 덜어 드리는 방법이지.

이야기 마당

효자의 기적

　조선 시대 철종 때, 예천의 어느 마을에 도시복이라는 사람이 살았어. 집은 가난했지만, 도시복은 정성껏 어머니를 모시는 효자였지. 도시복은 숯을 구워서 파는 일을 했는데, 씀씀이를 아껴 모은 돈으로 매일 고기를 사서 어머니께 구워 드렸어. 당시 고기는 잔칫날이나 명절같이 특별한 날에만 먹을 수 있는 귀한 음식이었는데도 말이야.

　도시복의 효심은 하늘도 알 정도였어. 도시복이 장에 다녀오던 어느 날이야. 숯을 팔고 어머니께 드릴 고기를 사서 돌아가려는데 그날따라 시간이 늦어진 거야. 이미 해가 지고 있어 서둘러도 어머니 저녁 식사를 제때 챙겨드릴 수가 없을 것 같았어. 그때 갑자기 솔개 한 마리가 나타나더니 고기를 낚아채 가는 거야!

　"앗! 안 돼! 어머니께 드릴 고기인데!"

　도시복은 너무 속상해서 엉엉 울며 집으로 돌아갔어. 그런데 아내가 이미 어머니의 저녁상을 차려드린 거야! 솔개가 도시복의 집 마당에 고기를 떨어뜨려 놓고 간 거지.

　하루는 어머니가 심하게 아프셨어. 식사도 제대로 못 할 정도로 시름시름 앓던 어머니가 갑자기 홍시가 먹고 싶다는 거야. 도시복이 감나무 숲을 뒤지며 홍시를 구해 보려고 애썼지만, 봄이라 홍시가 있을 리 없었지.

　어느새 날이 저물고 밤이 되었어. 포기하고 돌아가려는 도시복의 눈앞에 갑자기 호랑이가 나타났지! 도시복은 깜짝 놀랐어. 그런데 호

랑이가 타라는 듯이 등을 내미는 거야. 도시복은 용기를 내서 호랑이의 등에 올라탔어. 호랑이는 쏜살같이 달리더니 100리나 되는 산을 넘어 어느 마을에 도시복을 내려 주었지.

시간이 늦어 마을에서 묵고 가는 수밖에 없었어. 다행히 도시복을 맞이해 주는 집이 있어 하룻밤 신세를 지기로 했어. 집주인은 마침 제사를 지내고 남은 음식이 있다며 저녁도 차려 주었지. 그런데 식탁에 홍시가 있는 거야! 도시복은 깜짝 놀라 주인에게 물었어.

"어떻게 봄에 홍시가 있나요?"

주인은 웃으며 대답했어.

"돌아가신 아버지가 감을 좋아하셔서 매년 가을마다 감 200개를 골라 굴에 보관해 둡니다. 봄이 되면 상하지 않고 멀쩡한 감이 7, 8개뿐인데, 올해는 신기하게도 50개나 멀쩡하더군요. 이상하다고 여겼는데, 아마도 하늘이 당신의 효성을 알고 도와주신 게 아닐까 해요."

주인은 도시복에게 선뜻 홍시 20개를 선물로 주었어. 도시복이 감사 인사를 하고 서둘러 집을 나서려는데, 호랑이가 여전히 문 앞에서 기다리고 있는 거야! 호랑이는 도시복을 태우고 다시 산길을 달렸어. 새벽이 되어 도시복은 무사히 집에 도착했고, 어머니께 홍시를 드릴 수 있었다고 해.

도시복은 평생 어머니께 효도하며 살았어. 오래오래 편히 지내시던 어머니가 돌아가시자, 슬퍼하는 도시복의 눈에서 피눈물이 흘렀다고 해. 사람들은 세상에 둘도 없는 효자라며 도시복을 칭찬했어.

18. 물등고수 부모우지

> 높은 나무에 올라가지 말라
> 부모님께서 근심하시느니라

勿	登	高	樹	하라
말 물	오를 등	높은 고	나무 수	

父	母	憂	之	니라
아버지 부	어머니 모	근심 우	어조사 지	

 생각 더하기

'물등고수 부모우지'는 함부로 위험한 행동을 하지 말라는 뜻이야. 높은 나무에 올라가면 내가 떨어져 다칠까 봐 부모님이 얼마나 걱정하시겠어? 옛날엔 요즘처럼 안전한 놀이기구가 거의 없어서 다치는 일도 많았을 테니 더 걱정이 많았겠지. 부모님이 걱정하지 않도록 나 자신의 안전을 지키는 것도 효도야. 자주 놀러 가는 장소 중 위험한 곳은 없는지 생각해 보자. 놀 때도 위험하지 않도록 조심해야 해!

19. 물여인투 부모불안

> 남과 더불어 다투지 말라
> 부모님께서 불안해하시느니라

勿	與	人	鬪	하라
말 **물**	더불 **여**	사람 **인**	싸울 **투**	

父★	母★	不	安	이니라
아버지 **부**	어머니 **모**	아닐 **불**	편안할 **안**	

 생각 더하기

　　친구와 싸우면 마음이 상하지. 싸움이 심해지면 몸도 다칠 거고. 친구와의 사이가 멀어질 수도 있어. 나에게도 참 속상한 일이지만, 부모님도 불안해하며 나를 걱정하실 거야. 부모님의 걱정을 덜어 드리는 것도 효도하는 방법의 하나야. 친구들과 싸우지 말고 사이좋게 지내도록 노력해 보자. 화가 날 땐 깊게 숨을 한 번 들이쉬며 마음을 가라앉히고, 차분하게 이야기해 봐. 싸우지 않고도 현명하게 문제를 해결할 수 있을 거야.

20. 신체발부 물훼물상

> 신체와 머리털과 피부를
> 훼손하지 말며 상하지 말라

身 몸 신 體 몸 체 髮 터럭 발 膚 살갗 부 를

勿 말 물 毁 훼손할 훼 勿 말 물 傷 다칠 상 하라

💡 생각 더하기

　　옛날 사람들은 부모님께 받은 몸을 소중히 지키는 것이 효도의 시작이라고 생각했어. 머리카락 한 올도 소중히 여기며 자르지 않을 정도였지. 내가 위험한 곳에서 놀거나 친구와 다투면 부모님이 걱정하신다고 했지? 부모님들은 나만큼이나 내 몸을 소중하게 여기셔. 그러니 나의 몸을 소중히 여기는 건 나 자신을 아끼는 길이고, 부모님께 효도하는 길이기도 해.

21. 비유선조 아신갈생

> 선조가 계시지 않았으면
> 내 몸이 어디서 생겨났겠는가

非 有 先 祖 면
아닐 비 있을 유 먼저 선 할아버지 조

我 身 曷 生 이리오
나 아 몸 신 어찌 갈 날 생

 생각 더하기

나의 뿌리는 부모님이라고 했지? 부모님의 뿌리는 할머니와 할아버지야. 이렇게 거슬러 올라가면 조상님께 닿겠지. 조상님이 계시지 않았다면 지금의 나도 존재할 수 없어. 그래서 옛 어른들은 제사를 지내며 자기 뿌리를 생각하고, 조상에게 감사하는 시간을 가졌단다. 오늘은 나의 뿌리를 찾아보는 건 어떨까? "우리 조상은 누구예요?" 하고 여쭤 보면, 부모님이 재미있는 옛날이야기를 들려주실지도 모르지. 오래된 족보가 있다면 찾아보는 것도 좋겠다.

이야기 마당

내 몸은 부모님께 받은 소중한 선물

옛날에 증자라는 사람이 있었어. 대단한 효자로 소문난 사람이었지. 증자는 공자님의 가르침을 이어받아 많은 제자를 가르쳤어. 어느덧 시간이 흘러 증자도 나이가 많이 들고 몸이 약해졌어. 병이 들어 살날이 얼마 남지 않았다고 생각한 증자는 제자들을 불러 말했어.

"이불을 걷고 나의 발과 손을 보아라. 《시경》에 '몸가짐을 전전긍긍하여, 깊은 연못가에 있는 듯이 하고, 얇은 얼음을 밟는 듯이 하라.'라는 가르침이 있다. 하여 나는 평생 내 몸을 조심스럽게 다뤘다. 나는 이제야 이 몸을 상하게 할까 봐 걱정하는 일에서 벗어날 수 있겠구나."

제자들은 조심스럽게 이불을 걷어 스승의 손발을 살폈어. 과연 증자의 몸은 나이가 들어 주름이 많이 졌지만, 상처 하나 없이 깨끗했지. 증자는 평소에도 이렇게 말하곤 했어.

"우리 몸은 부모님께 받은 것이니, 감히 훼손하거나 상하게 할 수 없다."

제자들은 손가락 하나, 발가락 하나도 다치지 않도록 조심하던 증자의 모습을 떠올렸어. 이제야 스승님의 뜻을 알 것 같았지. 내 몸을 소중히 여기는 것이 효도의 시작이란 것을 말이야.

내 몸은 나만의 것이 아니야. 내가 가진 몸은 부모님이 주신 것이지. 부모님의 몸은 그 위의 조상님들이 물려주셨어. 나의 몸은 나와 부모님, 조상님들까지 이어지는 연결고리인 것이지. 그러니 내 몸을 다치지 않도록 소중히 여기고, 함부로 훼손하지 않아야 하는 거야.

일본이 우리나라를 강제로 지배했던 것 알고 있지? 그때 일본은 우리나라 사람들에게 머리카락을 자르라고 강요했어. 조상님들은 완강히 거부했지.

"목숨은 내놓을 수 있어도, 부모님께서 물려주신 몸을 훼손할 수는 없다!"

머리카락 한 올까지도 부모님의 소중한 유산이라고 생각한 거야. 조상님들은 효도하는 마음으로 자신의 몸도 소중하게 지켜 나갔어. 그렇게 조상님들의 몸이 오늘날 우리의 몸까지 이어진 거야.

한자 어휘 공부

부모(父母) ▶ 아버지와 어머니를 아울러 이르는 말

父 아버지 부 | 8급

아버지나 어른을 뜻하는 글자예요. 오른손으로 막대기나 돌도끼를 들고 있는 모습을 나타냈습니다.

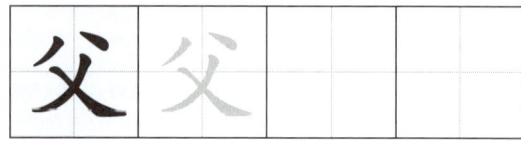

어머니를 뜻하는 글자예요. 아기에게 젖을 먹이는 어머니의 모습을 나타냈습니다.

母 어머니 모 | 8급

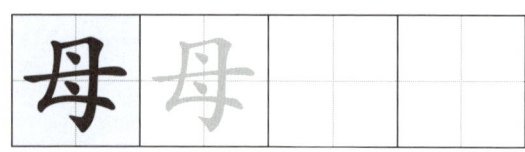

천지(天地) ▶ 하늘과 땅을 아울러 이르는 말

天 하늘 천 | 7급

하늘을 뜻하는 글자예요. 손을 벌리고 선 사람 위에 막대기를 그려 넣어 하늘을 표현했습니다.

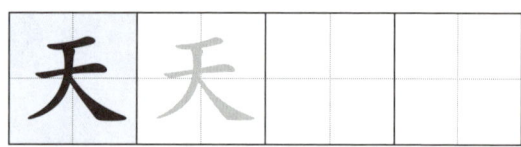

땅이나 지면을 뜻하는 글자예요. '흙 토(土)'와 주전자를 의미하는 '어조사 야(也)'가 합쳐졌어요.

地 땅 지 | 7급

산림(山林) ▶ 산과 숲, 또는 산에 있는 숲

山 산 산 | 8급

산의 모습을 의미하는 글자예요. 우뚝 솟은 봉우리가 세 개 있는 모습을 본떠 만들어졌습니다.

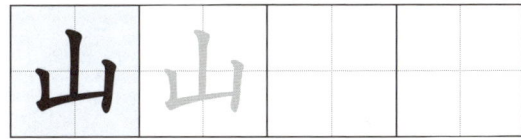

총 3획 ｜ 山 山

林 수풀 림 | 7급

많은 나무가 모여 있는 숲을 뜻하는 글자입니다. '나무 목 (木)'을 두 개 합쳐서 숲을 나타냈어요.

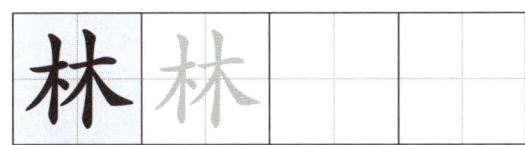

총 8획 一 十 才 木 木 朴 材 林

교실(敎室) ▶ 학교에서 학습 활동이 이루어지는 방

敎 가르칠 교 | 8급

교육이나 가르침을 뜻하는 글자입니다. 회초리를 들고 아이를 가르치는 모습을 본떠 만들어졌습니다.

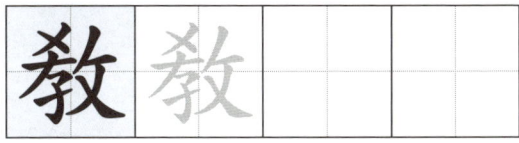

총 11획 ノ メ ナ 耂 耂 孝 孝 孝 教 教 教

집을 뜻하는 글자입니다. '이를 지(至)', '집 면(宀)'이 더해져 사람이 실내에 머문다는 의미를 나타냅니다.

室 집 실 | 8급

총 9획 ﹑ 宀 宀 宁 宁 宝 宮 室 室

2장

어린이 신(新) 사자소학

형제 사이의 바른길

1. 형제자매 동기이생

> 형제와 자매는
> 한 기운을 받고 태어났으니

兄	弟	姉	妹	는
맏 **형**	아우 **제**	윗누이 **자**	누이 **매**	

同	氣	而	生	이니
한가지 **동**	기운 **기**	말 이을 **이**	날 **생**	

 **생각 더하기**

    형제자매는 같은 부모님께 태어나 함께 자란 아주 특별한 사이야. 같은 추억을 공유하며 살아왔기에 외모는 물론 성격까지 닮은 점이 많지. 형제가 있다면 서로 닮은 점을 찾아보거나 함께한 재미있는 추억을 이야기 나눠 봐. '한 기운'으로 이어져 있다는 걸 금방 느낄 수 있을 거야. 외동이라면 형제만큼 친한 친구를 떠올려도 좋아. '의형제'란 말도 있잖아.

2. 형우제공 불감원노

형은 우애하고 아우는 공손히 하여
감히 원망하거나 성내지 말아야 한다

兄* 友* 弟* 恭 하여
맏 형 우애할 우 아우 제 공손할 공

不 敢 怨 怒 니라
아닐 불 감히 감 원망할 원 성낼 노

💡 생각 더하기

'형우제공 불감원노'는 형제자매 사이에 지켜야 할 태도에 관한 말이야. 서로 아끼고 사랑하며, 함부로 원망하거나 화내지 말라는 뜻이지. 매일 얼굴을 보며 지내다 보니 마음이 잘 통할 때도 있지만, 사소한 일로 다툴 때도 많지? 하지만 가까운 사이일수록 서로 존중하고 배려하는 마음을 잊으면 안 돼. 그래야 깊은 우애를 오랫동안 지킬 수 있거든. 오늘은 다투지 말고, 서로가 있어서 좋았던 점을 한 가지씩 떠올려 보는 건 어떨까?

3. 형제이이 행즉안항

> 형제는 서로 화합하여
> 길을 갈 때는 기러기 떼처럼 나란히 가라

| 兄* | 弟* | 怡 | 怡 | 하여 |
| 맏 **형** | 아우 **제** | 화할 **이** | 화할 **이** | |

| 行 | 則 | 雁 | 行 | 하라 |
| 다닐 **행** | 곧 **즉** | 기러기 **안** | 항렬 **항** | |

💡 생각 더하기

무리 지어 날아가는 기러기 떼를 본 적 있니? 기러기는 혼자 날지 않아. 줄을 맞추고, 서로 도우며 아주 먼 길을 날아간다고 해. '형제이이 행즉안항'은 형제도 기러기 떼처럼 서로 화목하고 도우며 지내라는 뜻이야. 힘들 때 서로 지켜 주고 의지하면, 어떤 어려움도 함께 이겨 낼 수 있는 큰 힘이 생기겠지? 네가 형제자매를 돕거나, 반대로 도움받았던 경험을 한번 떠올려 볼까?

4. 침즉연금 식즉동상

> 잠잘 때는 이불을 나란히 덮고
> 밥 먹을 때에는 밥상을 함께 하라

寢	則	連	衾	하고
잘 침	곧 즉	잇닿을 연	이불 금	

食	則	同	牀	하라
밥 식	곧 즉	한가지 동	평상 상	

💡 **생각 더하기**

　　옛날에는 형제끼리 한 방에서 한 이불을 덮고 잤어. 식사할 땐 한 밥상에서 같이 밥을 먹었지. 밤새 이야기를 나누고 때론 다투기도 했을 거야. 자연스럽게 정이 들고 친해졌겠지. '침즉연금 식즉동상'은 형제자매가 함께 시간을 보내며 우애를 나누라는 뜻이야. 함께 시간을 보내는 방법엔 무엇이 있을지 생각해 볼까? 꼭 같이 잠을 자고 밥을 먹는 것이 아니어도 좋아. 함께 게임할 수도 있고, 등하굣길을 같이 다닐 수도 있겠지.

이야기 마당

강굉과 두 동생

옛날 중국 후한 시대에 강굉이란 사람이 살았어. 강굉에게는 중해와 계강이라는 두 명의 동생이 있었어. 세 형제는 부모님을 잘 모시고 형제간의 우애도 아주 깊었다고 해. 늘 셋이 같은 방에서 함께 잘 정도였지. 세 사람 모두 똑똑하기로 유명했는데, 특히 강굉의 학문이 아주 뛰어나서 제자가 3천 명이나 되었대.

어느 날, 세 형제가 열심히 공부하다가 늦은 밤이 되어서야 집으로 돌아가고 있었어. 어두운 골목 사이에서 갑자기 도적들이 나타나 세 형제의 길을 가로막았지.

"가진 것을 모두 내놔라!"

도적들은 칼을 꺼내 들고 형제들을 위협했어. 돈을 빼앗으려 했지만, 형제는 가진 것이 없었지. 도적들은 형제를 쉽게 놓아주지 않았어.

"가진 게 없다면 죽이는 수밖에! 한 놈이 대신 죽는다면 나머지 둘은 살려 주지. 어떤 놈이 죽을 테냐?"

세 형제는 몹시 겁이 났어. 하지만 서로를 바라보자, 저도 모르게 용기가 샘솟았지. 모두의 머릿속에 형제를 지키겠다는 각오가 선 덕분이야. 세 형제는 동시에 외쳤어.

"제 동생들은 아직 젊습니다. 저를 죽여 주십시오!"

"아닙니다, 형님은 많은 사람을 가르쳐야 하는 분입니다! 차라리 저를 대신 죽여 주십시오!"

"형님들은 안 됩니다. 막내인 내가 대신 죽겠소!"

도적들은 당황했어. 제발 살려 달라며 목숨을 구걸할 줄 알았는데, 자신이 형제 대신 죽겠다고 나서고 있으니 말이야. 세 사람의 눈빛에선 두려움이 조금도 느껴지지 않았어. 오히려 도적들이 형제들의 결의에 압도되는 것 같았지. 도적의 우두머리가 말했어.

"나는 이렇게 서로를 위하는 형제는 본 적이 없다. 차마 너희를 해칠 수 없겠구나."

결국 도적들은 형제들을 모두 풀어 주고 떠났어. 형제들은 서로를 얼싸안고 기뻐했지. 세 형제는 그 후로도 평생 서로를 아끼며 살았다고 해.

강굉의 이야기를 보니 대나무가 떠오르는구나. 혹시 대나무 숲에 가본 적 있니? 숲에 있는 대나무는 하나하나 따로 서 있는 것처럼 보이지만, 땅속을 파 보면 모두 하나의 뿌리로 연결되어 있어. 마치 같은 부모님에게서 태어나 하나의 뿌리로 연결된 형제의 모습과 닮았지. 대나무가 모여 커다란 숲을 이루는 것처럼, 형제도 함께하면 큰 뜻을 이룰 수 있을 거야. 강굉 형제처럼 어려움도 극복할 수 있을 테고 말이지.

5. 분무구다 유무상통

나눌 때 많기를 구하지 말며
있고 없는 것을 서로 통하라

分	毋	求	多	하며
나눌 분	말 무	구할 구	많을 다	

有	無	相	通	하라
있을 유	없을 무	서로 상	통할 통	

💡 생각 더하기

먹을 것, 장난감, 용돈을 나눌 때 "내가 더 많이!" 하며 다툰 적 있지? '분무구다 유무상통'은 바로 이럴 때 필요한 마음가짐이야. 욕심내기보다 가진 것을 나누고, 없는 것은 서로 채워 주라는 뜻이지. 내가 더 많이 가지려고 욕심만 부리면 다툼이 생기기 쉬워. 하지만 서로 나누고 배려한다면 형제의 우애가 더욱 깊어지겠지. 혹시 형제에게 괜한 욕심을 부린 적은 없었는지 한번 되돌아보는 건 어떨까?

 6. 일배지수 필분이음

> 한 잔의 물이라도
> 반드시 나누어 마시고

一 杯 之 水 라도
한 일 잔 배 어조사 지 물 수

必 分 而 飲* 하고
반드시 필 나눌 분 말 이을 이 마실 음

 생각 더하기

　　나눔에는 많고 적음이 없어. 물 한 잔을 나누어 마시는 건 별거 아닌 일이지만, 목마른 사람에게는 아주 고마운 일이 되겠지? '일배지수 필분이음'은 아주 작은 것이라도 함께 나누는 마음이 중요하다는 뜻이야. 음료수를 마실 때 주변에 목마른 친구나 형제가 있다면 나누어 마시자. 먼저 '한 모금 마실래?' 하고 건네도 좋아. 서로 나누고 배려하다 보면 더 우애 깊은 사이가 될 수 있을 거야.

7. 일립지식 필분이식

> 한 알의 음식이라도
> 반드시 나누어 먹어라

一 粒 之 食 이라도
한 **일**   낟알 **립**   어조사 **지**   밥 **식**

必 分 而 食 하라
반드시 **필**   나눌 **분**   말 이을 **이**   먹을 **식**

💡 생각 더하기

　　친구나 형제와 간식 나누어 먹어 본 적 있지? 함께 간식도 먹고 떠들다 보면 즐겁잖아. 나누면 기쁨이 두 배가 된다는 걸 직접 경험한 셈이지. 나눔에 적고 많음이 없는 건 음식도 마찬가지야. '일립지식 필분이식'은 결국 가진 것을 조금씩 나누면 사이가 돈독해지고 우애가 쌓인다는 이야기인 거지. 오늘은 형제자매나 친구와 간식을 같이 먹으면서 이야기를 나누어 보는 건 어때? 아주 즐거운 하루가 될 거야.

이야기 마당

황금을 버린 형제

고려 공민왕 때의 이야기야. 두 형제가 장을 보고 돌아오는 길이었어. 길가에 무언가 툭 튀어나온 것이 보였지. 호기심이 생긴 형제는 다가가서 파 보기로 했어. 흙 속에 파묻힌 것을 쑥 뽑은 형제의 눈이 휘둥그레졌지. 웬걸, 황금이 두 덩어리나 나온 거야! 형제는 황금 덩어리를 하나씩 나누어 가졌어. 신나서 발걸음이 절로 빨라졌지.

집으로 돌아가기 위해선 한강을 건너야 했어. 형제는 나루터에서 배를 타고 강을 건너기로 했지. 그런데 강 한가운데에 이르렀을 때, 갑자기 동생이 들고 있던 황금을 강물에 던져 버리는 거 아니겠니? 형이 깜짝 놀라서 소리쳤어.

"아우야! 대체 무슨 짓이냐?"

동생은 차분하게 대답했어.

"형님, 제가 형님을 얼마나 아끼고 존경하는지 잘 아시지요? 그런데 황금을 손에 쥐는 순간, 자꾸만 욕심이 생겼어요. 황금을 내가 몽땅 차지할 수 있었다면 더 큰 부자가 되었을 텐데…! 그러자 형님이 미워졌어요. 이러다간 저도 모르게 형님과 다툴지도 모릅니다. 그렇다면 차라리 이 황금을 버리는 것이 나아요."

형은 동생의 말을 듣고 깊이 생각에 잠겼어.

'아우가 황금을 가졌다는 이유로 나를 미워하게 되었다면, 나도 언젠가 아우를 미워하게 될 수도 있겠구나.'

형은 들고 있던 황금을 내려다보았어. 조금 전까지만 해도 소중한

보물처럼 느껴지던 것이, 이제는 형제 사이를 갈라놓을 수도 있는 위험한 물건처럼 보였지. 형은 망설임 없이 자기 황금도 던져 버렸어. 놀란 동생에게 형은 미소를 지으며 말했어.

"아우야, 네가 옳다. 우리가 오랫동안 서로 의지하며 살아왔는데, 이 황금 덩어리가 우리 사이를 갈라놓게 둘 수야 없지 않겠느냐?"

그 후로도 형제는 서로를 아끼며 돈독하게 우애를 쌓았다고 해. 작은 것이라도 나누고, 서로를 배려하며 살았지.

형제는 둘이 한 몸인 것처럼 끈끈한 사이야. 하지만 욕심이 생기면 아무리 친한 형제여도 금방 미운 마음이 자라게 되지. 그러니 형제의 우애가 무엇보다 중요하다는 것을 잊지 말아야 해. 가진 것은 나누고, 서로 사랑하는 마음을 항상 가슴에 새겨 두자. 그러면 세상 어떤 유혹도 형제의 정을 갈라놓을 수 없을 거야.

8. 형제유난 민이사구

형제 간에 어려운 일이 있으면
근심하고 구원해 주기를 생각하라

| 兄* | 弟* | 有 | 難 | 이어든 |
| 맏 형 | 아우 제 | 있을 유 | 어려울 난 | |

| 悶 | 而 | 思 | 救 | 하라 |
| 근심할 민 | 말 이을 이 | 생각 사 | 구원할 구 | |

 **생각 더하기**

    형제자매는 기러기 떼처럼 서로 화합하며 돕는 사이가 되어야 한다고 했지? 그러니 형제자매에게 어려운 일이 생기면 함께 고민하고 도와주어야 해. 혼자 고민할 땐 큰 산처럼 보이던 문제도 머리를 맞대면 분명 해결책이 보일 거야. 기러기가 힘을 합쳐 먼 곳까지 날아가는 것처럼 말이야. 형제자매가 힘들어하는 걸 보면 모르는 척 넘기지 말고, 다가가서 위로하고 도울 수 있는 일을 찾아보자.

9. 아유환락 형제역락

> 나에게 기쁨과 즐거움이 있으면
> 형제들도 즐거워하고

我	有	歡	樂*	이면
나 **아**	있을 **유**	기쁠 **환**	즐거울 **락**	

兄*	弟*	亦	樂*	하고
맏 **형**	아우 **제**	또 **역**	즐거울 **락**	

💡 생각 더하기

　　　　기쁨은 전염돼. 주변 사람이 기쁘면 나도 덩달아 기분이 좋아지거든. 가까운 가족, 형제, 친구 사이라면 더욱 그렇겠지. '아유환락 형제역락'은 형제의 기쁨이 나의 기쁨, 나의 즐거움이 곧 형제의 즐거움이 된다는 뜻이야. 오늘은 어떤 즐겁고 재미있는 일이 있었니? 형제자매와 같이 이야기를 나누어 보자. 어느새 시간 가는 줄도 모르고 깔깔 웃으며 떠들게 될걸? 기쁨이 전염된다는 걸 바로 느낄 수 있을 거야.

10. 아유우환 형제역우

> 나에게 근심과 걱정이 있으면
> 형제들도 근심하느니라

我 有 憂 患 이면
나 아 / 있을 유 / 근심 우 / 근심 환

兄* 弟* 亦 憂 니라
맏 형 / 아우 제 / 또 역 / 근심 우

 생각 더하기

 기쁨이 전염되는 것처럼, 걱정도 전염돼. 이것을 '아유우환 형제역우'라고 하지. 나에게 걱정이 생기면 형제자매도 함께 걱정한다는 뜻이야. 아무리 나의 걱정을 숨기려 해도 형제자매들은 금방 눈치채고 걱정할 거야. 나와 가장 가까운 사이니까. 혼자서 끙끙 앓지 말고, 형제자매에게 고민을 털어놓으면 어떨까? 형제자매에게 어려움이 있으면 나도 함께 걱정하고 도와야 한다고 했잖아. 분명 최선을 다해서 나를 도와줄 거야.

11. 형제화목 부모희지

> 형제가 화목하면
> 부모님께서 기뻐하시느니라

兄 弟 和 睦 이면
맏 형 / 아우 제 / 화할 화 / 화목할 목

父 母 喜 之 니라
아버지 부 / 어머니 모 / 기쁠 희 / 갈 지

💡 생각 더하기

부모님을 기쁘게 해 드리는 가장 쉬운 방법을 알려 줄게. 그건 바로 형제자매와 사이좋게 지내는 거야. 부모님은 사랑하는 자식들이 서로 친하게 지내길 가장 바라시거든. 형제자매와 함께 놀고, 도와주고, 의지하는 것만으로도 효도할 수 있다니 굉장하지? 가끔 싸우더라도 금방 화해하면 부모님도 걱정하지 않으실 거야.

이야기 마당

정약용과 정약전 형제의 우애

정약용은 조선 후기의 가장 대표적인 실학자야. 그에겐 정약전이라는 형이 있었어. 두 형제 모두 학문적 재능이 아주 뛰어났지. 조선이 백성들을 위한 나라가 되길 꿈꾸며 열심히 유학과 실학을 연구했어.

하지만 이들의 삶은 쉽지 않았어. 정약용과 정약전이 천주교를 믿었기 때문이야. 당시 조선은 천주교가 조선을 어지럽힌다고 생각했어. 조선이 가장 중요하게 생각하는 사상은 유교였는데, 천주교의 가르침이 유교의 가르침과 달랐거든. 조선의 왕실은 천주교를 믿는 사람들을 좋게 볼 수 없었지.

결국 1801년, 신유박해가 일어나고 말아. 천주교 신자들이 모질게 탄압받은 사건이야. 많은 신자가 죽었고, 정약용과 정약전 형제도 벼슬에서 쫓겨났어. 정약전은 흑산도로, 정약용은 강진으로 유배를 떠나야 했지.

정약용은 강진에서도 계속해서 책을 읽고 학문을 연구했어. 《목민심서》, 《경세유표》 같은 유명한 책을 쓴 것도 그때야. 그러면서도 흑산도에 있는 형 정약전을 늘 걱정했어.

'흑산도는 외딴섬인데, 형은 잘 지내고 있을까?'

'혹독한 바람과 거친 파도 속에서 건강은 괜찮을까?'

형 정약전도 마찬가지였어. 흑산도에서도 연구를 계속했지. 《자산어보》는 정약전이 흑산도 유배 생활을 하며 쓴 책이야. 우리나라 최초의 해양 생물학 책이란다. 정약전은 연구에 몰두하고 흑산도 주민

들을 가르치며 힘든 생활을 버티면서도 동생 정약용이 잘 지내는지 항상 걱정했어.

  정약용과 정약전은 꾸준히 편지를 주고받았어. 멀리 떨어져 있어도 편지로나마 소식을 들으면 안심이 되었지. 서로가 쓰는 책의 내용에 조언해 주기도 했어. 정약용은 형이 연구하는 바다 생물들의 이야기를 아주 좋아했고, 정약전은 동생이 다시 조정으로 돌아가 나라를 위해 일해주길 바랐다고 해. 두 사람은 형제이면서 서로의 제일 친한 친구였고, 가장 든든한 조언자였어.

  하지만 안타깝게도 정약전은 유배지에서 생을 마감하고 말았어. 끝내 형제는 다시 만나지 못했지. 형의 죽음을 전해 들은 정약용은 몹시 슬퍼했어. 그러나 그 슬픔을 가슴에 묻고, 학문에 더 정진하며 형의 뜻을 이어 나갔다고 해.

✓ 한자 어휘 공부

형제(兄弟) ▶ 형과 아우를 아울러 이르는 말

兄 맏 형 | 8급

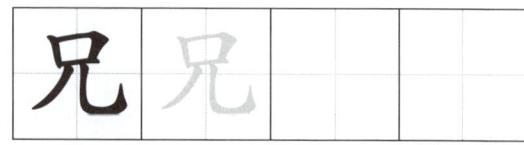

'맏이', '형'을 뜻하는 글자입니다. 나이 많은 사람이 기도문을 읽으며 제사를 이끄는 사람의 모습을 본떠 만들어졌습니다.

총 5획   ㅣ ㅁ ㅁ ㅁ 모 兄

弟 아우 제 | 8급

'아우'를 뜻하는 글자입니다. 나뭇가지에 줄을 차례로 묶는 모습을 본떠 형제 간의 순서를 나타내게 되었습니다.

총 7획   ` ヽ ㅛ ㅛ ㅂ 弟 弟

공동(共同) ▶ 둘 이상의 사람이나 단체가 함께 일을 하거나, 같은 자격으로 관계를 가짐

共 함께 공 | 6급

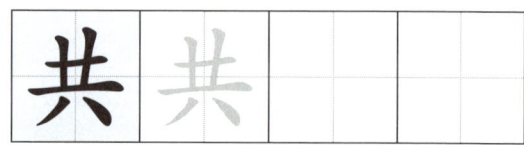

함께 하는 것을 뜻하는 글자입니다. 두 손으로 물건을 함께 들고 있는 모습을 본떠 만들어졌습니다.

총 6획   一 十 卄 井 共 共

同 한가지 동 | 6급

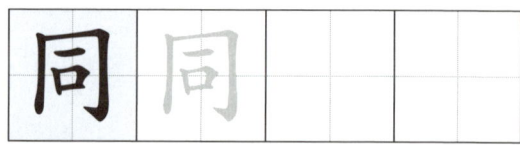

'같다' 또는 '함께'라는 뜻을 가진 글자입니다. 큰 그릇을 나타내는 글자 '(凡)'와 '입 구(口)'가 합쳐졌습니다.

총 6획   ㅣ 冂 冂 同 同 同

음료(飮料) ▶ 사람이 마실 수 있도록 만든 액체를 통틀어 이르는 말

飮 마실 음 | 6급

무언가를 '마시다'라는 뜻을 가진 글자입니다. '먹을 식(食)'과 입을 벌린 모습인 '하품 흠(欠)'이 합쳐졌습니다.

총 13획

양을 측정하거나 계산한다는 뜻의 글자입니다. '쌀 미(米)', '말 두(斗)'가 합쳐져 쌀의 양을 측정하는 모습을 표현했습니다.

料 헤아릴 료 | 6급

총 10획

음악(音樂) ▶ 박자, 가락, 음성 따위를 갖가지 형식으로 조화하고 결합하여, 목소리나 악기를 통하여 사상 또는 감정을 나타내는 예술

音 소리 음 | 5급

입에서 울려 퍼지는 소리나 음을 뜻하는 글자입니다. '말할 왈(曰)' 위에, 악기가 얹어진 모습을 본떠 만들어졌습니다.

총 9획

음악과 즐거움을 뜻하는 글자입니다. '나무 목(木)'과 '실 사(絲)', '흰 백(白)'이 합쳐져 악기의 모습을 나타냅니다.

樂 노래 악, 즐길 락, 좋아할 요 | 5급

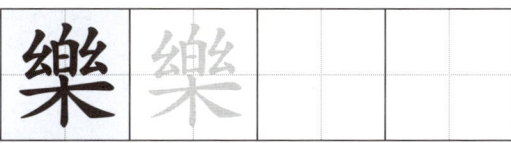

총 15획

어린이 신(新) 사자소학

3장

스승과 어른을 대하는 바른길

1. 사사여친 필공필경

> 스승 섬기기를 어버이와 같이 하여
> 반드시 공손히 하고 반드시 공경하라

事 師 如 親 하여
섬길 **사**   스승 **사**   같을 **여**   어버이 **친**

必 恭 必 敬 하라
반드시 **필**   공손할 **공**   반드시 **필**   공경할 **경**

💡 생각 더하기

스승은 나를 가르쳐서 인도하는 사람이야. 학교나 학원 선생님을 생각하면 되겠지? '사사여친 필공필경'은 선생님을 부모님처럼 따르고 공경하라는 뜻이야. 훌륭한 어른으로 성장하려면 부모님과 선생님 모두의 도움이 필요해. 부모님은 우리를 낳아서 키워 주시고, 선생님은 우리가 바르게 성장하도록 가르쳐 주시지. 좋아하는 선생님이 있니? 선생님을 믿고 따르는 이유가 무엇인지 떠올려 봐. 선생님을 공경하는 마음이 자연스럽게 자라날 거야.

2. 선생시교 제자시칙

> 선생님께서 가르침을 베푸시면
> 제자들은 이것을 본받아라

先	生	施	敎	어든
먼저 **선**	날 **생**	베풀 **시**	가르칠 **교**	

弟	子	是	則	하라
아우 **제**	아들 **자**	이 **시**	본받을 **칙**	

 생각 더하기

    선생님은 우리에게 국어, 영어, 수학 같은 지식뿐만 아니라 삶의 지혜도 가르쳐 주셔. '선생시교 제자시칙'은 선생님의 가르침을 잘 배우고 본받으라는 뜻이야. 공부뿐만 아니라 선생님의 말씀에 담긴 교훈, 지혜, 행동과 태도까지 모두 배우고 실천하라는 의미지. 본받고 싶을 만큼 멋진 선생님이 있니? 내가 선생님에게서 본받고 싶은 모습은 어떤 것이 있는지 떠올려 보자.

3. 능효능제 막비사은

> 효도할 수 있고 공경할 수 있는 것은
> 스승의 은혜 아닌 것이 없느니라

能 능할 능 **孝** 효도 효 **能** 능할 능 **悌** 공경할 제 는

莫 없을 막 **非** 아닐 비 **師** 스승 사 **恩** 은혜 은 이니라

💡 생각 더하기

부모님께 효도하고 웃어른을 공경해야 한다는 건 모두가 알고 있지만, 실천하기 쉽지 않아. 어떤 마음을 가져야 하는지, 어떻게 행동해야 하는지 배워야 해. 우리에게 올바른 마음가짐과 행동을 가르쳐 주시는 건 선생님이지. '능효능제 막비사은'은 내가 효도하고 공경할 줄 아는 것이 모두 선생님의 가르침 덕분이란 뜻이야. 선생님의 도움이 없다면 훌륭한 사람으로 성장할 수 없을 거야. 선생님께도 항상 감사해야겠지?

4. 능지능행 총시사공

> 알 수 있고 행할 수 있는 것이
> 모두 스승의 공이니라

能 능할 능 **知** 알 지 **能** 능할 능 **行** 행할 행 이
總 합할 총 **是** 무릇 시 **師** 스승 사 **功** 공 공 이니라

💡 생각 더하기

　　나의 지식과 능력은 저절로 생긴 것이 아니야. 모두 어른들에게서 배우고 익히면서 차곡차곡 쌓인 것이지. '능지능행 총시사공'은 선생님의 가르침 덕분에 내가 이만큼 성장할 수 있었다는 것을 일깨워 주는 말이야. 학교에서 배운 지식이 하나둘 쌓이면 내가 성장할 수 있는 밑거름이 되지. 선생님은 올바른 방향으로 지식이 쌓일 수 있도록 땅을 다지고 이끌어 주는 분이야. 내가 멋지게 해낸 일, 새롭게 알게 된 사실 뒤에는 선생님의 노력이 숨어 있는 거란다.

이야기 마당

부모님처럼 공자를 받들었던 자공

'삼년상'이라는 말 들어 봤니? 옛날 우리 조상님들은 부모님이 돌아가시면 장례를 치른 뒤 묘 근처에 작은 집을 짓고, 짓고, 거친 삼베옷을 입고 소박한 음식을 먹으며 그곳에서 생활했다고 해. 그 기간이 3년이나 되어서 삼년상이라고 한단다. 돌아가신 부모님 곁에서 묘를 정성껏 돌보고 그리움을 달랬던 거지.

부모님을 공경하듯 선생님을 공경해야 한다고 했지? 이것을 몸소 실천한 사람이 있어. 중국 춘추 시대에 살았던 자공의 이야기야.

자공은 유교의 아버지인 공자의 제자였어. 공자는 제자들에게 늘 인자하면서도 엄격하게 사람의 도리를 가르쳤고, 자공은 그런 스승의 깊은 지혜와 따뜻한 마음을 진심으로 존경했지. 공자의 여러 제자 중에서도 특히 능력이 뛰어났던 자공은 스승의 가르침을 잘 따르며 공자를 부모님처럼 섬겼다고 해.

공자가 세상을 떠나자 많은 제자가 통곡하고 슬퍼했어. 제자들은 공자의 묘 근처에 작은 움막을 짓고 삼년상을 치르며 '부모님처럼 스승님을 공경하라'는 말을 지켰지. 3년이 지나고 떠날 때가 되자, 제자들은 다시 모여 서로를 부둥켜안고 목이 쉴 때까지 울고 나서야 헤어졌어.

그런데 자공은 떠나지 않았어. 홀로 그 자리에 남아 공자의 묘를 지켰지. 스승님께 받은 가르침과 사랑이 너무나 커서, 3년으로는 도저히 그 은혜를 다 갚을 수 없다고 생각했던 거야. 자공은 3년을 더 머무르

며 홀로 육년상을 치렀대. 자공이 스승님을 얼마나 부모님만큼이나 깊이 공경했는지 알 수 있는 이야기지.

　우리를 낳아 주시고 키워 주신 분이 부모님이라면, 우리를 가르쳐 주시고 바르게 살도록 이끌어 주시는 분은 선생님이야. 아무리 맛있는 음식을 먹고, 좋은 옷을 입고, 멋진 집에서 산다고 해도 선생님의 가르침이 없으면 사람답게 사는 법을 알 수 없을 거야.

　선생님은 우리에게 제2의 부모님 같은 존재란다. 부모님께 효도하는 것처럼 선생님도 공경해야 해. 공자의 가르침을 잘 따르던 자공이 훗날 훌륭한 외교관으로 활약한 것처럼 우리도 선생님의 가르침을 잘 따르면 분명 멋지고 훌륭한 사람으로 성장할 수 있을 거야.

5. 숙흥야매 물라독서

> 아침 일찍 일어나고 밤늦게 자서
> 책 읽기를 게을리하지 말라

夙 興 夜 寐 하여
일찍 숙 / 일어날 흥 / 밤 야 / 잘 매

勿 懶 讀 書 하라
말 물 / 게으를 라 / 읽을 독 / 글 서

💡 생각 더하기

옛날부터 우리 선조들은 독서를 아주 중요하게 여겼어. 책 속에는 세상을 살아가는 데에 필요한 지혜와 지식이 담겨 있기 때문이지. '숙흥야매 물라독서'는 부지런히 책을 읽으라는 뜻이야. 매일 꾸준히 책을 읽으면 어느새 나에게 다양한 지식과 지혜가 쌓인 걸 깨닫게 될 거야. 하루 10분씩만 시간을 내서 매일 책을 읽어 보자. 읽은 책이 쌓이면 내 마음도 뿌듯해질 거야.

6. 근면공부 부모열지

> 공부를 부지런히 힘쓰면
> 부모님께서 기뻐하시느니라

勤 부지런할 **근** **勉** 힘쓸 **면** **工** 공부 **공** **夫** 남편 **부** 하면

父 아버지 **부** **母** 어머니 **모** **悅** 기쁠 **열** **之** 어조사 **지** 니라

 생각 더하기

　　내가 스스로 공부하는 모습을 보고 부모님이 칭찬해 주신 적 있지? 그때의 부모님 얼굴을 떠올려 보면 '근면공부 부모열지'를 이해할 수 있을 거야. 우리가 열심히 공부하면 부모님도 기뻐하신다는 뜻이거든. 매일 공부하는 게 힘들겠지만, 오늘의 노력이 쌓여 나의 멋진 미래를 만든다는 걸 기억하며 힘내 보자. 숙제를 미리 끝내고, 하루에 10분씩만 더 스스로 공부하는 거야. 내가 꾸준히 노력하는 모습을 보면 부모님도 기뻐하시겠지?

7. 시습문자 자획해정

> 처음 문자를 익힐 때는
> 글자의 획을 바르게 써라

始 처음 시   **習** 익힐 습   **文** 글월 문   **字** 글자 자   어든

字 글자 자   **畫** 그을 획   **楷** 바를 해   **正** 바를 정   하라

💡 생각 더하기

　　첫 단추를 잘 끼워야 한다는 말이 있지? '시습문자 자획해정'도 시작이 중요하다는 뜻이야. 글씨는 습관이라서, 처음 배울 때부터 바르고 정성스럽게 써야 해. 대충 쓰는 버릇이 들면 나중에 고치기 어렵거든. 한 글자씩 집중해서 또박또박 쓰다 보면, 신기하게 공부한 내용도 기억에 더 잘 남을 거야. 나는 글씨를 어떻게 쓰고 있는지 돌아보고, 오늘부터 바른 글씨 쓰기를 함께 연습해 보자.

8. 서책랑자 매필정돈

서책이 함부로 깔려 있거든
매번 반드시 정돈하라

書 冊 狼 藉 어든
글 서 책 책 어지러울 랑 깔 자

每 必 整 頓 하라
매양 매 반드시 필 가지런할 정 정돈할 돈

 생각 더하기

　'서책랑자 매필정돈'은 항상 주변을 깔끔하게 정돈하라는 뜻이야. 주변이 어지러우면 집중력도 흐트러지기 쉬워. 책이 잘 읽히지 않고 공부가 안될 땐 먼저 주변을 둘러봐. 어질러진 책을 제자리에 꽂고 책상을 정돈해야 어수선했던 마음도 정리될 거야. 책을 읽고 바로 정리하면 다음에 다시 책을 찾을 때도 편리하겠지. 지금 내 책상을 한번 둘러봐. 어질러진 물건이 있다면 제자리에 정리하자.

이야기 마당

김만중과 어머니

　조선 시대의 어느 작은 마을에 김만중이라는 소년이 살았어. 아버지를 일찍 여고 어머니와 단둘이 살았어. 집안 형편이 어려워 김만중은 서당에도 가지 못하고 혼자 공부를 했어.

　김만중의 어머니는 자식의 공부를 중요하게 여기는 분이었지. 가난해서 책을 사 줄 수도, 서당에 보낼 수도 없었지만, 아들의 공부를 포기할 수는 없었어. 어머니는 고민 끝에 방법을 찾았어.

　'그래. 내가 직접 책을 베껴 주어야겠다!'

　어머니는 이웃에게 책을 빌려 왔어. 낮에는 일을 하고, 밤에는 돌아와 등불을 밝히고 밤새 책을 필사했지. 손목은 시큰거리고 눈이 침침해졌지만, 어머니는 책의 모든 내용을 꼼꼼하게 옮겨 적었어. 책 한 권이 완성되면 김만중에게 주었어. 그리고 새 책을 빌려와 다시 필사를 시작했어.

　김만중도 어머니의 노력을 잘 알고 있었어. 늘 어머니에게 감사하고 죄송한 마음을 갖고 열심히 공부했지. 매일 책을 소리 내어 읽으며 밤늦도록 공부했어.

　"역시 하늘 아래 가장 훌륭한 소리는 글 읽는 소리구나."

　어머니도 아들의 모습을 보며 흐뭇하게 웃었지.

　김만중은 어머니가 베껴 써 주신 책 덕분에 공부를 계속할 수 있었어. 밤낮으로 책을 읽고 글을 쓰며 노력했어. 마침내 김만중은 과거에 합격해 높은 벼슬에 올랐지.

　김만중은 소설도 많이 썼어. 《사씨남정기》, 《구운몽》이 김만중의 대표적인 작품이야. 《구운몽》은 김만중이 벼슬을 하다 당파 싸움에 휘말려 남해로 유배를 갔을 때 쓴 소설인데, 아들을 걱정할 어머니를 위로하기 위해 쓴 작품이래. 어머니가 읽기 편하도록 한글로 썼는데, 중국에도 수출될 정도로 인기가 많았대. 그 덕분에 김만중의 효성과 아들을 사랑하는 어머니의 마음이 널리 알려지게 되었지.

9. 장자자유 유자경장

> 어른은 어린이를 사랑하고
> 어린이는 어른을 공경하라

長 者 慈 幼 하고
어른 **장** 사람 **자** 사랑할 **자** 어릴 **유**

幼 者 敬 長 하라
어릴 **유** 사람 **자** 공경할 **경** 어른 **장**

 생각 더하기

'장자자유 유자경장'은 어른과 어린이가 서로를 대하는 마음가짐에 관한 말이야. 어른은 어린이를 사랑으로 보살피고, 어린이는 어른을 공경해야 하지. 부모님과 자식, 선생님과 제자, 이웃 어른과 아이 사이도 마찬가지야. 어른과 아이는 세대 차이 때문에 말이 잘 안 통하고 답답할 때가 많아. 하지만 존중하고 배려하는 마음으로 서로를 대하면 함께 즐겁게 지낼 수 있을 거야.

10. 장자지전 진퇴필공

> 어른의 앞에서는
> 나아가고 물러날 때 반드시 공손히 하라

長 者 之 前 엔
어른 장 / 사람 자 / 어조사 지 / 앞 전

進 退 必 恭 하라
나아갈 진 / 물러날 퇴 / 반드시 필 / 공손할 공

생각 더하기

'장자지전 진퇴필공'은 어른을 대할 때 항상 공손해야 한다는 뜻이야. 옛날에는 어른 앞에서 항상 두 손을 모으고 고개를 숙였고, 방을 드나들 때도 꼬박꼬박 인사하며 공경하는 마음을 표현했지. 요즘의 모습과는 참 다르지? 하지만 표현하는 방식이 조금 달라졌을 뿐, 어른을 존중한다는 가장 중요한 마음은 그때나 지금이나 같아. 그러니 어른을 만나면 먼저 다가가 밝게 인사하고, 눈을 맞추는 것부터 시작해 보는 건 어떨까?

11. 빈객래방 접대필성

> 손님이 찾아오거든
> 접대하기를 반드시 정성스럽게 하라

賓 客 來 訪 이어든
손님 빈 / 손님 객 / 올 래 / 찾을 방

接 待 必 誠 하라
대접할 접 / 대접할 대 / 반드시 필 / 정성 성

💡 생각 더하기

　　가끔 집에 부모님 친구나 내 친구가 찾아올 때가 있지? '빈객래방 접대필성'은 이럴 때 정성껏 맞이하라는 뜻이야. '정성'이라는 말이 어렵게 느껴진다면, 내가 친구 집에 놀러 갔을 때를 떠올려 보자. 친구의 부모님께서 반갑게 인사하며 마실 것을 챙겨 주시지? 바로 그 마음이면 충분하단다. 내 손님이 아니더라도 집에 찾아온 손님이 있다면 먼저 밝게 인사해 보자. 따뜻한 인사 한마디가 어색함을 녹이고 집안 분위기를 환하게 만들어 줄 거야.

이야기 마당

손님을 대하는 마음, 주공의 가르침

옛날, 중국 주나라에 '주공'이라는 사람이 있었어. 주공은 주나라를 세운 '문왕'의 아들이자 '무왕'의 동생이었지. 무왕을 도와 상나라를 무너뜨리는 데에 큰 역할을 한 사람이야.

무왕이 죽자 '성왕'이 왕위에 올랐어. 성왕은 나이가 어려서 혼자 나라를 다스리긴 힘들었지. 주공은 어린 성왕의 곁을 지키며 나랏일을 도왔어. 원래 주공은 노나라의 제후가 되어 일하기로 되어 있었는데, 관직도 버리고 노나라를 떠나 성왕의 곁에서 왕실을 도운 거야. 대신 노나라의 제후 자리는 자기 아들인 '백금'에게 맡기기로 했어.

주공은 신분이 높았는데도 어떤 사람을 대하든 항상 겸손한 마음으로 예의를 갖췄다고 해. 특히 손님을 맞이할 땐 정성을 다했지. 아무리 바빠도 손님을 소홀히 대하지 않았고, 바로 달려 나가 맞이했어.

어느 날의 일이야. 주공이 식사하는 도중에 한 선비가 찾아왔어. 주공은 씹고 있던 음식을 뱉고 한달음에 달려 나가 선비를 맞이했지. 이걸 본 아들 백금이 물었어.

"그렇게까지 하실 필요가 있겠습니까?"

주공이 웃으며 대답했어.

"나라를 다스리기 위해서는 훌륭한 인재를 가까이해야 한다. 사람들을 존중하고 예의 있게 대해야 그들이 나와 가까이 지내겠지. 하물며 손님을 성의 없이 대해서야 어찌 그들을 존중한다고 할 수 있겠나."

주공은 진지한 목소리로 이어서 말했어.

"나는 문왕의 아들이며, 무왕의 동생이고, 성왕의 삼촌이다. 내 신분은 절대 낮지 않다. 그러나 나는 언제나 사람들에게 예의를 다한다. 손님이 찾아오면 머리를 감던 중이라도 감던 머리를 움켜쥐고 달려 나가지. 식사 중에도 선비가 찾아오면 음식을 삼키지도 못한 채 달려 나간다. 나의 태도 때문에 혹시라도 천하의 훌륭한 인재를 잃을까 봐 항상 조심하고 걱정한 것이다. 이제 너도 노나라에 가거든 늘 몸가짐을 바르게 하고, 제후라 하여 교만하거나 거만한 태도를 보여서는 안 된다."

주공은 언제나 성심성의껏 사람들을 대했어. 그 덕분에 많은 인재가 주나라로 모여들었고, 주공을 따랐지. 주공은 성황을 보필하며 나라의 제도를 정비했어. 나라 곳곳에 인재들을 배치하고, 백성들이 올바른 도리를 따를 수 있도록 노력했지. 주나라는 더욱 강하고 안정된 나라가 되었고, 사람들은 주공의 업적을 칭송했어. 공자도 주공의 인품과 업적에 감명받아 "나는 꿈속에서라도 주공을 뵙고 싶다."라는 말을 남겼다고 해.

✓ 한자 어휘 공부

선생(先生) ▶ 학생을 가르치는 사람

先 먼저 선 | 8급

다른 것보다 앞서 움직이는 것을 뜻하는 글자입니다. 사람이 움직일 때 발이 먼저 나가는 모습을 본떠 만들어졌습니다.

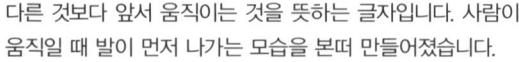

총 6획　ノ 一 ㅛ 生 生 先

生 날 생 | 8급

새롭게 태어나고 자라나는 것을 뜻하는 글자입니다. 땅 위로 새싹이 힘차게 솟아나는 모습을 본떠 만들어졌습니다.

총 5획　ノ ㅗ 乍 牛 生

독서(讀書) ▶ 책을 읽음

讀 읽을 독 | 6급

글을 소리 내어 읽는 행동을 뜻하는 글자입니다. '말씀 언(言)'과 '팔 매(賣)'가 합쳐졌습니다.

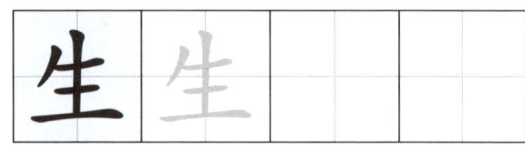

총 22획
ㆍ 亠 宀 ㅛ 言 言 言 言 訁 訁 訁 訁 詰 詰 詰 請 請 讀 讀 讀 讀 讀

書 글 서 | 6급

말이나 생각을 붓으로 써서 남긴 것을 뜻하는 글자입니다. '붓 율(聿)'과 '말할 왈(曰)'이 합쳐졌습니다.

총 10획　フ ㄱ ㄹ ㄹ 聿 聿 書 書 書 書

장단(長短) ▶ 길고 짧음

長 길 장
어른 장 | 8급

'길다', '어른'이라는 뜻을 가진 글자입니다. 머리카락이 길게 자란 어른의 모습을 본떠 만들었습니다.

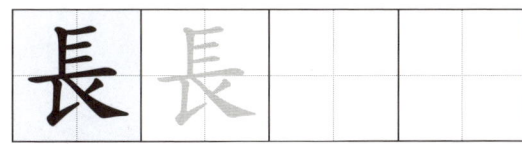

총 8획 　ㅣ ㄷ ㅏ ㅏ 투 長 長 長

'짧다'라는 뜻의 글자입니다. '화살 시(矢)'와 통 모양의 '(豆)'를 합쳐 통에 화살을 던져 넣는 투호 놀이를 나타냈습니다.

총 12획 　ノ ト ㅗ 두 矢 矢 矢 知 知 短 短 短

短 짧을 단 | 6급

정직(正直) ▶ 마음에 거짓이나 꾸밈이 없이 바르고 곧음

正 바를 정 | 7급

'바르다', '옳다', '정당하다'라는 뜻을 가진 글자입니다. '발 지(止)'와 '한 일(一)'이 합쳐졌습니다.

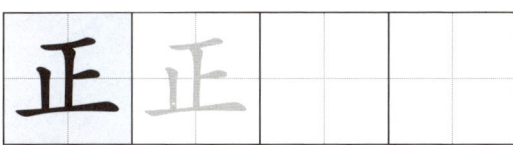

총 5획 　ー T 下 下 正

'바르다' 또는 '곧다'라는 뜻을 가진 글자입니다. '눈 목(目)' 위에 선을 그어 똑바르게 바라보는 모습을 나타냈습니다.

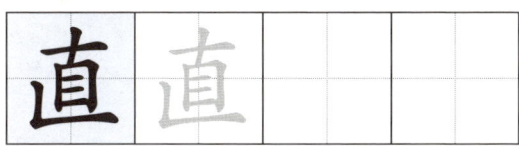

총 8획 　ー 十 十 古 古 占 直 直

直 곧을 직 | 7급

3장. 스승과 어른을 대하는 바른길 / 91

어린이 신(新) 사자소학

4장
친구 사이의 바른길

1. 인지재세 불가무우

> 사람이 세상에 있으면서
> 친구가 없을 수 없으니

人	之	在	世 |에
사람 **인**	어조사 **지**	있을 **재**	세상 **세**

不	可	無	友* |니
아닐 **불**	옳을 **가**	없을 **무**	벗 **우**

💡 생각 더하기

우리는 학교와 학원에서 많은 시간을 보내고 있어. 그만큼 친구와도 오랜 시간을 함께 보내게 되지. '인지재세 불가무우'는 사람이 살아가는 데에 친구가 꼭 필요하다는 말이야. 나와 가장 친한 친구를 한 번 떠올려 보자. 즐거운 일이나 어려운 일이 생겼을 때 가장 먼저 친구를 떠올리지 않니? 고민을 털어놓기도 할 거야. 이렇게 가까운 친구 사이에도 지켜야 할 예의가 있어. 《사자소학》에선 친구 사이의 도리와 좋은 친구를 사귀는 법도 가르쳐 준단다.

2. 이문회우 이우보인

> 글로써 벗을 모으고
> 벗으로써 인을 도와라

以 文 會 友 하고
써 이 / 글월 문 / 모일 회 / 벗 우

以 友 輔 仁 하라
써 이 / 벗 우 / 도울 보 / 어질 인

생각 더하기

'이문회우 이우보인'은 배움을 통해 친구를 사귀고, 그 우정으로 '인(仁)'을 키우라는 깊은 뜻이야. 함께 공부하는 친구가 있으면 서로 배우며 성장하고, 우정도 더욱 단단해진단다. '인'은 남을 아끼는 따뜻한 마음을 뜻해. 좋은 친구와 함께 배우는 과정에서 '인'의 마음도 내 안에서 함께 자라나는 것이지. 반 친구들이 더 소중하게 느껴지지 않니? 곁에서 함께 배우며 성장하고 싶은 친구의 얼굴을 떠올려 보자.

3. 언이불신 비직지우

> 말을 하되 미덥지 못하면
> 정직한 친구가 아니다

言	而	不	信	이면
말씀 언	말 이을 이	아닐 불	믿을 신	

非	直	之	友	니라
아닐 비	곧을 직	어조사 지	벗 우	

 생각 더하기

우리는 매일 친구들과 많은 대화를 해. 그런데 거짓말을 자주 하는 친구가 있다면 그 친구가 무슨 말을 해도 의심하게 되겠지. '양치기 소년'처럼 말이야. '언이불신 비직지우'는 친구 사이의 신뢰가 중요하다는 뜻이야. 신뢰를 잃으면 대화도 줄어들고 결국 사이도 멀어지게 돼. 거짓말을 하지 않고 약속을 잘 지키는 것이 우정을 지키는 데에 정말 중요해. 나는 친구들과의 약속을 잘 지키고 있을까? 이번 기회에 되돌아보는 것도 좋을 거야.

4. 견선종지 지과필개

> 착한 것을 보면 그것을 따르고
> 잘못을 알면 반드시 고쳐라

見	善	從	之	하고
볼 견	착할 선	좇을 종	어조사 지	

知	過*	必	改	하라
알 지	허물 과	반드시 필	고칠 개	

 생각 더하기

'견선종지 지과필개'는 착한 일을 본받고, 내 잘못을 알게 되면 바르게 고치라는 뜻이야. 사람은 좋은 행동만 하지는 못해. 실수하기도 하고, 잘못을 저지르기도 하지. 중요한 것은 잘못을 인정하고 실수를 바로잡는 거야. 선한 행동을 보고 배우는 것도 중요하지. 길에 떨어진 쓰레기를 줍는 친구를 보고 따라 하거나, 내가 뱉은 말에 친구가 상처받은 것을 알고 진심으로 사과하는 것처럼 말이야.

이야기 마당

사람다움을 찾아가는 길

어느 날, 공자의 제자 자로가 공자에게 물었어.

"스승님, 인(仁)이란 정확히 무엇입니까?"

공자는 빙그레 웃으며 대답했지.

"자로야, 너는 강직한 성품을 지니고 있지. 그렇다면 네게는 용기를 가지고 사람을 사랑하는 것이 인이다."

그때 옆에서 듣고 있던 안연이 조심스럽게 질문했어.

"스승님, 그러면 저에게는 인이 무엇입니까?"

공자는 이번에도 미소를 지으며 대답했어.

"안연아, 너는 온화하고 신중한 성품을 지녔으니, 너에게 인이란 자신의 욕심을 극복하고 예(禮)로 돌아가는 것이다."

자로는 깜짝 놀랐어. 분명 같은 것을 물어보았는데, 자로와 안연이 서로 다른 답을 들었기 때문이지.

"스승님, 왜 저와 안연에게 다른 대답을 하셨습니까?"

공자는 자로를 바라보며 말했어.

"사람마다 성품이 다르고, 처한 환경이 다르다. 따라서 모든 사람에게 같은 답을 주는 것은 옳지 않다. 인이란 결국 '사람다움'을 실천하는 것이니라. 그리고 사람다움은 한 가지 방법으로만 이루어지는 것이 아니지."

옆에서 세 사람의 대화를 듣고 있던 자공이 물었어.

"그렇다면 스승님, 우리는 어떻게 하면 사람다움을 실천할 수 있습

니까?"

공자는 천천히 말을 이었어.

"학문을 닦아라. 글을 통해 벗을 사귀고, 벗과 함께 배우며 서로 도와라. 배움이 깊어지면 명성이 사방으로 퍼지고, 같은 뜻을 가진 사람들이 자연스럽게 모이게 된다. 그리고 훌륭한 친구들과 함께 배우고 토론하며 서로의 선(善)을 받아들이면, 그 길이 바로 인을 실천하는 길이 되느니라."

공자의 말에 깊이 감명받은 제자들은 가르침을 실천하기 위해 노력했어. 열심히 공부하고, 함께 토론하며 배움을 나누고, 서로의 선한 면을 보고 배웠지. 존중하는 마음으로 늘 함께하다 보니 세 제자의 사이도 더 가까워졌어. 먼 훗날, 그들은 공자만큼이나 훌륭한 사람으로 세상에 알려지게 되었단다.

공자는 항상 '인'을 강조했어. 공자의 인은 착한 행동만을 뜻하지 않아. '사람다운 삶' 그 자체를 강조하는 말이지. 혼자서는 진정한 인을 실천할 수 없어. 나와 뜻을 함께하며 같이 배우고 서로를 이끌어 줄 수 있는 좋은 친구가 필요해. 함께 성장하는 친구는 내 인생의 보물인 거야.

5. 우기정인 아역자정

> 그 바른 사람을 벗하면
> 나도 저절로 바르게 되고

友 其 正 人 이면
벗할 우 / 그 기 / 바를 정 / 사람 인

我 亦 自 正 이요
나 아 / 또 역 / 스스로 자 / 바를 정

💡 생각 더하기

　　친구는 나와 가까운 사이야. 많은 시간을 함께 보내고, 많은 대화를 나누지. 그만큼 나에게 주는 영향도 커. '우기정인 아역자정'은 바른 사람과 친구가 되면 나도 자연스럽게 바른길을 걷게 된다는 뜻이야. 친구와 함께 지내다 보면 친구의 말과 행동을 닮게 돼. 착하고 바른 사람을 사귀면 나도 착하고 바른 사람이 되어 갈 수 있겠지? 주변에 본받고 싶을 만큼 멋진 친구가 있니? 친구에게서 어떤 점을 배울 수 있을지 떠올려 보자.

6. 종유사인 아역자사

> 간사한 사람을 따라서 놀면
> 나도 저절로 간사해진다

從	遊	邪	人	이면
따를 **종**	놀 **유**	간사할 **사**	사람 **인**	

我	亦	自	邪	니라
나 **아**	또 **역**	스스로 **자**	간사할 **사**	

생각 더하기

'간사하다'라는 말은 자기의 이익을 위해서 꾀를 부리는 모습을 뜻해. '종유사인 아역자사'는 그런 친구와 어울리면 나도 그 행동을 닮아간다는 뜻이지. 좋은 친구의 영향을 받듯, 나쁜 행동 역시 나도 모르게 물들 수 있어. "뭐 어때. 이 정도는 괜찮아."라는 말에 자꾸 넘어가다 보면, 그 행동이 습관이 될 수 있거든. 좋은 친구를 사귀는 만큼, 나쁜 유혹에 "아니야!"라고 말하는 용기도 중요하단다.

7. 근묵자흑 근주자적

> 먹을 가까이하는 사람은 검어지고
> 주사를 가까이하는 사람은 붉게 된다

近 墨 者 黑* 이요
가까울 근 먹 묵 사람 자 검을 흑

近 朱 者 赤 이라
가까울 근 붉을 주 사람 자 붉을 적

💡 생각 더하기

먹물을 손에 묻혀 본 적 있니? 먹물이 묻은 손이 닿는 곳마다 검게 물들고, 잘 닦이지도 않지? '주사'는 붉은색 광물인데, 빨간색을 칠하는 재료로 쓰여. 먹과 마찬가지로 닿으면 붉게 물들지. '근묵자흑 근주자적'은 사람 사귀는 것을 먹과 주사에 빗대어 표현한 말이야. 나쁜 사람을 가까이하면 나쁜 습관, 좋은 사람을 가까이하면 좋은 습관이 생긴다는 뜻이지. 나만의 단어로 새롭게 표현해 볼까? 쉽게 물들고 지워지지 않는 건 또 무엇이 있을까?

이야기 마당

맹자 이야기, 환경이 사람을 만든다

　옛날 중국 노나라에 맹자라는 아이가 살았어. 어린 맹자는 아주 똑똑했지만, 공부보다 뛰어노는 것을 더 좋아하는 장난꾸러기였지. 맹자의 어머니는 맹자가 열심히 공부해서 훌륭한 학자가 되길 바랐어.
　맹자의 집은 공동묘지 근처에 있었어. 장난치길 좋아하는 맹자는 장례 행렬을 따라가고, 무덤을 만들거나 곡하는 흉내를 내며 놀았어. 어머니는 한숨을 깊게 내쉬었지.
　"이곳은 우리 아들이 살 곳이 아니다."
　어머니는 이사를 결심했어. 새로 마련한 집은 시장 근처에 있었지. 매일 사람들이 바삐 움직이고 목소리를 높여 물건값을 흥정하는 활기찬 곳이었어. 그런데 이번엔 맹자가 장사꾼 놀이를 하는 거야. 온종일 물건을 사고파는 흉내를 내는 맹자를 보고 어머니는 또 한숨을 쉬며 말했지.
　"이곳도 우리 아들이 살 곳이 아니구나."
　어머니는 다시 맹자를 데리고 이사를 했어. 이번엔 서당 근처에 있는 집이었지. 글공부하는 소리가 매일 담장을 타고 넘어왔어. 맹자는 서당의 학생들을 따라 하기 시작했어. 책을 읽고, 소리 내어 글공부하는 흉내를 내거나 조상께 제사 지내는 흉내를 냈지. 그 모습을 본 어머니는 미소를 지었어.
　"그래. 이곳에서 살아야겠다."
　어머니의 현명한 판단 덕분일까? 열심히 공부한 맹자는 훗날 역사

이야기 마당

에 길이 남을 훌륭한 학자가 되었어.

　이 이야기는 우리에게 주변 환경이 얼마나 중요한지를 일깨워 줘. 사람은 나의 주변 모습을 보고 듣고 배우게 되거든. 맹자의 어머니는 주변 사람들을 곧잘 따라 하는 맹자의 모습을 보고 일찌감치 이 사실을 깨달은 거지. 맹자를 바르게 키우기 위해 세 번이나 이사한 어머니의 헌신은 사람들에게 널리 알려지게 되었어. '맹모삼천지교(孟母三遷之敎)'라는 말도 생겨났단다. 맹자의 어머니가 세 번 집을 옮기며 가르쳤다는 뜻이야.

✏️ 8. 붕우유과 충고선도

> 친구에게 잘못이 있거든
> 충고하여 착하게 인도하라

朋	友	有	過	이거든
벗 **붕**	벗 **우**	있을 **유**	허물 **과**	

忠	告	善	導	하라
충성 **충**	말할 **고**	착할 **선**	인도할 **도**	

 생각 더하기

"아프다고 거짓말하고 학원 빠져야겠다!" 꾀를 부리는 친구를 본 적 있니? 그럴 때 나는 어떻게 해야 할까? '붕우유과 충고선도'는 친구의 잘못은 충고해 주고 바른길로 이끌라는 뜻이야. 듣기 좋은 말만 해 주는 건 진짜 친구가 아니지. 친구가 잘못을 바로잡도록 돕는 게 나의 역할이야. 물론 친구가 상처받지 않게 비난 대신 잘 타이르는 지혜가 필요하겠지? 어떻게 말해 주면 좋을까? 함께 생각해 보자.

9. 인무책우 이함불의

> 사람이 잘못을 꾸짖어 주는 친구가 없으면 의롭지 못한 데 빠지기 쉬우니라

人 無 責 友* 면
사람 **인** / 없을 **무** / 꾸짖을 **책** / 벗 **우**

易 陷 不 義 니라
쉬울 **이** / 빠질 **함** / 아닐 **불** / 옳을 **의**

💡 생각 더하기

잘못을 지적받으면 속상하지? 민망하고 억울한 마음에 그 친구가 미워지기도 해. 하지만 잘못을 바로 고치지 않으면 더 나쁜 길로 빠질 수 있어. '인무책우 이함불의'는 잘못을 꾸짖어 주는 친구가 없으면 의롭지 못한 데 빠지기 쉽다는 뜻이야. 친구 덕분에 내 잘못을 알고 바로잡을 수 있으니 정말 소중한 존재지. 나를 위해 충고해 주는 친구가 있니? 나는 친구에게 어떤 친구일까?

10. 택이교지 유소보익

> 사람을 가려서 사귀면
> 도움과 유익함이 있고

擇 而 交 之 면
가릴 **택**　말 이을 **이**　사귈 **교**　어조사 **지**

有 所 補 益 하고
있을 **유**　바 **소**　도울 **보**　유익할 **익**

 생각 더하기

　　인기 있는 사람들을 보면 부러울 때가 있어. 친구를 많이 사귀고 싶단 생각이 들기도 해. 하지만 친구가 많은 것보단 좋은 친구를 사귀는 것이 중요해. '택이교지 유소보익'은 좋은 사람을 가려서 만나야 한다는 뜻이야. 서로에게 좋은 영향을 줄 수 있는 사람을 만나야 함께 성장하며 우정을 오래 이어 갈 수 있어. 친구를 많이 사귀겠다는 욕심에 내 곁의 좋은 사람에게 소홀해선 안 되겠지?

11. 불택이교 반유해의

> 가리지 않고 사귀면
> 도리어 해가 있느니라

不 擇 而 交 면
아닐 **불**　가릴 **택**　말 이을 **이**　사귈 **교**

反 有 害 矣 니라
도리어 **반**　있을 **유**　해로울 **해**　어조사 **의**

 생각 더하기

　　'불택이교 반유해의'는 친구를 신중히 사귀지 않으면 도리어 해가 될 수 있다는 뜻이야. 어떤 친구가 좋은 영향을 주는지 구분하려면 나만의 뚜렷한 기준이 필요해. 모든 사람과 친해지려고 애쓰지 않아도 괜찮아. 정말 중요한 건 함께 성장할 수 있는 친구와 오래 함께하는 거야. 바르게 행동하고 때로는 잘못을 따끔하게 충고해 주는 친구를 사귀어야 해. 물론 나도 그런 친구가 되도록 노력해야겠지?

이야기 마당

올바른 충고의 말

　옛날 중국 위나라에 문후라는 왕이 있었어. 어느 날 신하들을 불러 모아 이야기를 나누던 문후가 갑자기 질문을 던졌어.
　"짐은 어떤 임금인가?"
　신하들은 왕의 기분을 맞추기 위해 입을 모아 말했어.
　"폐하께서는 어질고 훌륭한 임금이십니다!"
　"백성들은 폐하를 두고 자애로운 군주라고 칭송하고 있습니다."
　"위나라의 번영은 모두 폐하 덕분이 아니겠습니까!"
　문후도 기분이 좋아졌어. 만족스러운 얼굴로 신하들의 칭찬을 들었지. 모두가 한마디씩 거드는데, 신하 임좌만은 입을 떼지 않았어. 문후는 임좌에게 말했어.
　"임좌, 그대는 짐을 어떻게 생각하는가?"
　임좌는 단호한 목소리로 대답했어.
　"폐하께서는 어진 임금이 아니십니다."
　문후는 깜짝 놀랐어. 당황한 신하들도 웅성거렸지. 감히 임금에게 저런 말을 한다니. 신하들은 문후가 버럭 화를 낼까 봐 조마조마한 마음으로 왕의 눈치를 살폈어. 문후는 눈썹을 찌푸리며 물었어.
　"짐이 어질지 않다니, 무슨 말이냐?"
　임좌가 대답했어.
　"폐하께서는 얼마 전 중산국을 정벌하시고 그 땅을 차지하셨습니다. 그리고 왕족의 동생이 아닌 큰아들을 통치자로 임명하셨습니다."

어진 임금이라면 하지 않았을 결정이지요. 정말 백성을 위하는 마음으로 나라를 다스리신다면, 혈통보다 능력과 백성의 안위를 먼저 생각하셨을 것입니다."

문후는 화가 나서 얼굴이 붉어졌어.

"감히 짐을 모욕하는 것이냐! 썩 물러가거라!"

문후는 잔뜩 화를 내며 임좌를 내쫓았어. 분위기는 얼어붙었고, 신하들도 서로 눈치만 보며 아무 말도 하지 못했어. 문후는 신하 책황을 보며 다시 물었지.

"책황, 너는 짐이 어떤 임금이라 생각하는가?"

책황은 가만히 고개를 숙이며 대답했어.

"폐하께서는 어진 임금이십니다."

대답이 마음에 들었는지, 문후의 얼굴이 조금 풀리는 것 같았지. 하지만 책황은 거기서 말을 멈추지 않았어.

"폐하. '어진 임금이 다스리는 나라에는 반드시 정직한 신하가 있다'라는 말이 있습니다. 방금 폐하 앞에서 거침없이 바른말을 한 임좌는 정직한 신하의 모습 그 자체였지요. 그런 신하가 있는 나라의 임금이라면 분명 어진 임금 아니겠습니까."

  문후는 순간 말문이 막혔어. 화를 참지 못하고 임좌를 내쫓은 것이 잘못된 행동이었다는 것을 그제야 깨달았지. 문후는 다시 임좌를 불러들였어.

"임좌, 너의 직언을 받아들이지 못한 것은 짐의 잘못이다. 네가 한 말이 옳다. 나는 앞으로 더욱 백성을 위한 정치를 하도록 하겠다."

  문후는 자기 행동을 반성하고 임좌에게 더 높은 벼슬을 내렸어.

  이 이야기는 나에게 있어 좋은 사람은 어떤 사람인가 생각하게 해. 나의 잘못은 모른 척 넘어가고 내게 기분 좋은 말만 해 주는 사람과 내가 잘못하면 거리낌 없이 충고하는 사람. 둘 중 가까이해야 하는 사람은 누구일까? 나를 바른길로 인도하며 함께 성장하는 사람을 친구로 사귀어야 해. 문후가 임좌와 책황을 곁에 두었던 것처럼 말이야.

✓ 한자 어휘 공부

우정(友情) ▶ 친구 사이의 정

友 벗 우 | 5급

서로 가까이 지내는 친구, 벗을 뜻하는 글자입니다. 두 사람이 손을 맞잡는 모습을 본떠 만들어졌습니다.

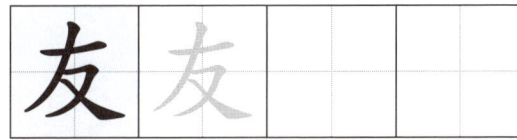

총 4획

情 뜻 정 | 5급

마음속에서 우러나오는 따뜻한 감정, 사랑, 정을 뜻하는 글자입니다. '마음 심(心)'과 '푸를 청(靑)'을 합쳐 만들어졌습니다.

총 11획

흑백(黑白) ▶ 검은색과 흰색을 아울러 이르는 말. 옳고 그름

黑 검을 흑 | 5급

'검은색'이나 '어두움'을 뜻하는 글자입니다. 아궁이에 불을 지피는 모습을 본떠 만들어졌습니다.

총 12획

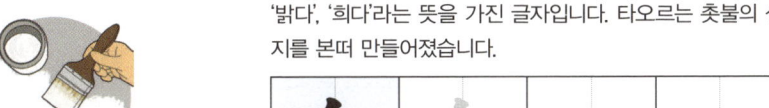

白 흰 백 | 8급

'밝다', '희다'라는 뜻을 가진 글자입니다. 타오르는 촛불의 심지를 본떠 만들어졌습니다.

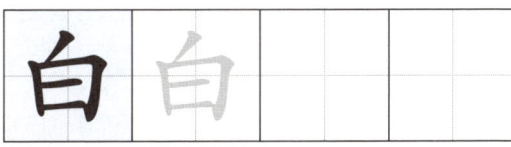

총 5획

교류(交流) ▶ 근원이 다른 물줄기가 서로 섞이어 흐름. 또는 그런 줄기. 문화나 사상 따위가 서로 통함

交 사귈 교 | 6급

'엇갈리다', '마주치다', '어울리다'라는 뜻을 가진 글자입니다. 꼬고 앉은 다리의 모습을 본떠 만들어졌습니다.

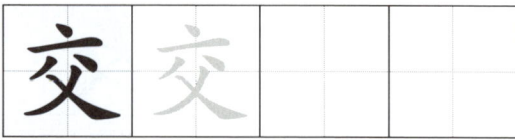

총 6획 ` 亠 六 亥 交

流 흐를 류(유) | 5급

'흐르다', '흘러가다'라는 뜻을 가진 글자입니다. 강물에 가벼운 물체가 떠내려가는 모습을 본떠 만들어졌습니다.

총 10획 ` ` 氵 氵 汸 汸 浐 浐 流 流

과거(過去) ▶ 이미 지나간 때. 지나간 일이나 생활

過 지날 과 | 5급

어떤 일이 스쳐 지나간다는 뜻을 가진 글자입니다. 동물의 고기를 모두 먹고 뼈만 남은 상태를 나타냅니다.

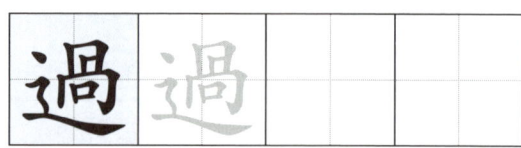

총 13획

어디론가 떠난다는 뜻을 가진 글자입니다. 사람이 문을 지나 밖으로 나가는 모습을 본떠 만들어졌습니다.

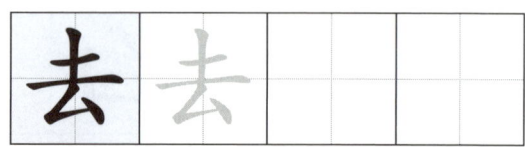

총 5획 一 十 土 去 去

去 갈 거 | 5급

언어(言語) ▶ 생각, 느낌 따위를 나타내거나 전달하는 데에 쓰는 음성, 문자 따위의 수단

言 말씀 언 | 6급

말하거나 이야기하는 것을 뜻하는 글자입니다. '입 구(口)' 위로 소리가 퍼져 나가는 모습을 표현했습니다.

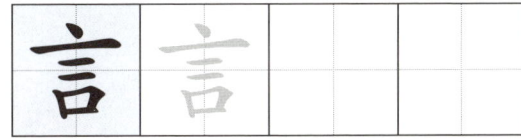

총 7획

語 말씀 어 | 7급

이야기를 주고받는다는 뜻을 가진 글자입니다. '말씀 언(言)'과 나 자신을 뜻하는 '나 오(吾)'가 합쳐졌습니다.

총 14획

충고(忠告) ▶ 남의 결함이나 잘못을 진심으로 타이름. 또는 그런 말

忠 충성 충 | 4급

충성을 뜻하는 글자입니다. '가운데 중(中)'과 '마음 심(心)'을 합쳐 한쪽으로 치우치지 않고 바른 마음을 나타냅니다.

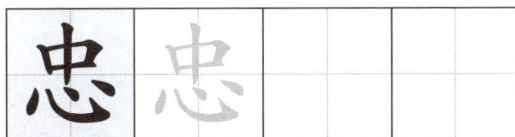

총 8획

告 알릴 고 | 5급

'알리다'라는 뜻의 글자입니다. '소 우(牛)'와 '입 구(口)'를 합쳐 제사를 지내며 신에게 소원을 비는 모습을 나타냈습니다.

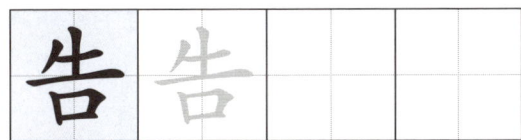

총 7획

어린이 신(新) 사자소학

5장
자기수양의 바른길

1. 비례물시 비례물청

> 예가 아니면 보지 말며
> 예가 아니면 듣지 말며

非 禮 勿 視 하며
아닐 비 / 예법 례 / 말 물 / 볼 시

非 禮 勿 聽 하며
아닐 비 / 예법 례 / 말 물 / 들을 청

 생각 더하기

'예(禮)'란 꼭 지켜야 할 바른 마음과 약속을 뜻해. 남을 존중하는 말과 행동, 함께 살기 위한 규칙 등을 의미하지. '비례물시 비례물청'은 옳지 않은 것은 보지도 듣지도 말고 멀리하란 뜻이야. 우리는 매일 수많은 콘텐츠를 접하잖아? 그 중엔 욕설이 많이 나오거나 남을 헐뜯는 내용처럼 우리 마음에 해로운 것도 분명히 있어. 그런 것들로부터 내 마음을 지키기 위해, 무엇을 보고 들을지 스스로 신중하게 가려 내는 지혜를 기르자.

2. 비례물언 비례물동

> 예가 아니면 말하지 말며
> 예가 아니면 움직이지 말아야 한다

非	禮	勿	言★	하며
아닐 비	예법 례	말 물	말씀 언	

非	禮	勿	動	이니라
아닐 비	예법 례	말 물	움직일 동	

💡 생각 더하기

'비례물언 비례물동'은 나의 말과 행동을 돌아보고 옳지 않은 행동은 하지 말라는 뜻이야. 나쁜 것을 보지도 듣지도 않는 것만큼, 내가 직접 나쁜 말과 행동을 하지 않는 것도 중요해. 무심코 던진 말이 친구에게 상처를 줄 수 있고, 생각 없는 행동이 다른 사람을 불편하게 할 수 있거든. 말하고 행동하기 전에 '이게 옳은 일일까?' 한 번 더 생각하는 신중함이 필요해. 오늘 하루는 어땠니? 혹시 누군가를 아프게 하지는 않았는지 함께 돌아보자.

3. 행필정직 언즉신실

> 행동은 반드시 바르고 곧게 하고
> 말은 미덥고 성실하게 하며

行 **必** **正** **直** 하고
행실 행 / 반드시 필 / 바를 정 / 곧을 직

言 **則** **信** **實** 하며
말씀 언 / 곧 즉 / 믿을 신 / 성실할 실

 생각 더하기

'행필정직 언즉신실'은 항상 정직하고 바르게 말하고 행동해야 한다는 뜻이야. 나의 말과 행동 하나하나가 나의 신뢰와 인상을 결정하지. 내일 놀자는 약속을 해 놓고 나타나지 않는 친구나 잘못하고도 "내 탓 아니야!"라고 시치미를 떼는 친구를 보면 어때? 친구의 말을 더는 믿지 못하겠지? 사소한 약속이라도 꼭 지키고 항상 정직해야 해. 혹시 나도 모르게 친구에게 진심 없이 가볍게 던진 말이 있진 않았는지 오늘 하루를 되돌아보자.

4. 용모단정 의관정제

용모는 단정하게 하고
의관은 바르고 가지런하게 하라

容	貌	端	正*	하고
얼굴 용	모양 모	바를 단	바를 정	

衣	冠	整	齊	하라
옷 의	갓 관	정돈할 정	가지런할 제	

 생각 더하기

　　'용모단정 의관정제'는 말 그대로 외모와 복장을 항상 단정히 하라는 말이야. 사람을 만났을 때 가장 먼저 보이는 것이 겉모습이잖아. 단정하고 깨끗한 모습은 내가 나를 소중히 여기고, 만나는 상대를 존중하고 있다는 좋은 첫인상을 준단다. 비싼 옷을 입거나 화려하게 꾸미라는 뜻이 아니야. 옷을 구김 없이 입고, 몸을 깨끗이 하는 것만으로도 충분해. 거울 앞에 서서 지금 나의 모습을 한번 살펴보자.

이야기 마당

안연과 공자, 바른길을 묻다

공자는 '인'을 가장 중요하게 여기고 많은 가르침을 남겼어. 인은 다른 사람을 내 몸처럼 사랑하고 돌보려는 마음을 뜻해. 사람과 더불어 살기 위해 꼭 필요한 덕목이야. 제자들은 인을 더 깊이 탐구하고 실천하기 위해 애썼지.

어느 날, 공자의 제자인 안연이 공자에게 물었어.

"선생님, 인을 실천하기 위해선 어떻게 해야 합니까?"

공자가 대답했지.

"자신의 사사로운 욕심을 버리고 예로 돌아가야 한다. 단 하루만이라도 자기 욕심을 이기고 예로 돌아가면 온 세상이 인을 따르게 될 게다. 인을 실천하는 것은 나 자신에게 달린 것이지, 결코 남에게 달린 것이 아니야."

안연이 다시 물었어.

"구체적인 방법이 있습니까?"

공자가 웃으며 대답했어.

"예가 아니면 보지 말고, 듣지도 말아라. 또한 예가 아니면 말하지도, 움직이지도 말고."

안연은 곰곰이 공자의 말을 곱씹어 생각했어. 하지만 여전히 궁금한 것이 남았지.

"왜 그렇게까지 해야 할까요?"

공자가 말했어.

이야기 마당

"세상 모든 일은 사람이 보고, 듣고, 말하고, 행동하는 것에서 시작된다. 이것이 바르지 못하면 사람의 마음도 흐려지고, 결국 인격도 흐트러지게 된다."

공자는 자기 말을 하나하나 되짚어 가며 설명을 이어 나갔어.

"첫째, 예가 아니면 보지 말라. 사람의 마음은 원래 맑고 순수한 것이다. 하지만 잘못된 것을 자꾸 보고 있으면, 그것에 물들어 버린다. 예를 들어, 순수했던 어린아이가 자꾸 거짓된 것을 보고 배우면 거짓말하는 법을 익히는 것과 같지. 그러니 바르고 좋은 것을 보며 너의 눈이 언제나 진리를 향하도록 해야 한다.

둘째, 예가 아니면 듣지 말라. 사람은 듣는 것에 따라 생각이 달라진다. 험담과 거짓말을 듣고 자라면 남을 의심하게 된다. 하지만 올바른 가르침과 착한 말을 듣는다면, 사람의 마음도 따뜻하고 바르게 자라게 되지. 그러니 귀로 듣는 것 또한 신중해야 한다.

셋째, 예가 아니면 말하지 말라. 말이란 참으로 무서운 것이다. 한마디의 말이 사람을 살리기도 하고, 또 한마디의 말에 사람이 다치기도 한다. 말을 함부로 하면 신뢰를 잃고, 사람들에게 외면받는다. 하지만 정직하고 바른말을 하면, 신뢰와 존중을 얻지. 그러므로 말하기 전에 이 말이 누군가를 다치게 하지 않는 바른 말인지 한 번 더 생각해야 한다.

넷째, 예가 아니면 움직이지 말라. 행동은 사람의 인격을 보여 주는 가장 중요한 요소이다. 바르게 행동하면 남들도 본받아 좋은 영향을 받지만, 잘못된 행동에는 나쁜 영향을 받는다. 너의 작은 행동 하나가 세상을 바꿀 수도 있는 것이다. 그러니 항상 신중하고 조심하여 몸가짐을 바르게 해라."

안연은 고개를 끄덕였어.

'그래. 모든 것은 나 자신에게 달려 있다. 내가 어떻게 보고, 듣고, 말하고, 행동하느냐에 따라 나의 인품이 결정되는 것이구나!'

깨달음을 얻은 안연은 공자의 가르침을 실천하려 평생을 노력했어. 바른 것을 보며, 좋은 말만 듣고, 정직하고 예의 바르게 말하고 행동했지. 공자도 안연의 노력을 기특하게 여기고 아주 아꼈다고 해.

5. 작사모시 출언고행

> 일을 할 때는 시작을 잘 계획하고
> 말할 때는 행실을 돌아보라

作	事	謀	始	하고
일할 작	일 사	꾀할 모	처음 시	

出	言	顧	行	하라
나갈 출	말씀 언	돌아볼 고	행실 행	

💡 생각 더하기

'작사모시 출언고행'은 일을 시작할 땐 계획부터, 말하기 전엔 내 행동을 먼저 돌아보라는 뜻이야. 계획 없이 일을 서두르면 예상치 못한 문제로 일을 그르치기 쉬워. 내가 한 말을 스스로 지키지 못한다면 다른 사람이 내 말을 믿어 줄까? 자기 책상은 더러우면서 "책상은 깨끗하게 써야지!"라고 말하면 누가 그 말을 진지하게 듣겠어? 꼼꼼한 계획은 일의 방향을 올바르게 이끌어 주고, 언행의 일치는 사람들에게 믿음을 줄 거야.

6. 덕업상권 과실상규

> 덕업은 서로 권하고
> 과실은 서로 바로잡아 주며

德	業	相	勸	하고
덕 **덕**	업 **업**	서로 **상**	권할 **권**	

過	失	相	規	하며
허물 **과**	잘못 **실**	서로 **상**	타이를 **규**	

 생각 더하기

'덕업상권 과실상규'는 좋은 일은 서로 칭찬으로 북돋고, 잘못은 타이르며 바로잡아 주라는 뜻이야. 칭찬은 더 잘하고 싶은 마음을 생기게 하잖아? 누군가의 실수를 봤을 땐, 같은 잘못을 반복하지 않도록 도와주는 용기도 필요해. 이때 상대가 상처받지 않도록 단둘이 부드럽게 말해 주는 배려가 중요하지. 물론 다른 사람이 내 부족한 점을 말해줄 땐 고마운 마음으로 귀 기울이는 자세도 필요하겠지?

7. 예속상교 환난상휼

> 예에 합당한 풍속은 서로 교류하고
> 재앙과 어려운 일은 서로 도와라

禮 예법 예 **俗** 풍속 속 **相** 서로 상 **交*** 사귈 교 하고

患 근심 환 **難** 어려울 난 **相** 서로 상 **恤** 구휼할 휼 하라

 생각 더하기

'예속상교 환난상휼'은 규칙을 지키고 바르게 행동하는 사람과 어울리고, 어려운 일은 서로 도우라는 뜻이야. 사람은 사회적 동물이란 말을 들어 봤니? 사람은 혼자서 살아갈 수 없어. 항상 다른 사람들과 사회를 이루며 살아야 해. 함께 기쁨을 나누고, 서로를 배려하고, 어려울 땐 협력하고 도와야 하지. 내 주변을 먼저 둘러보고 함께 할 수 있는 것, 내가 도울 수 있는 것이 무엇인지 찾아보자.

> 이야기 마당

마을의 약속, 향약

　향약은 조선시대에 만들어진 향촌 규약을 뜻해. 향촌은 시골 마을을 의미하는데, 마을 사람들이 서로 도우며 살아가기 위해 만든 규칙이 바로 향약이야. 한마디로, 마을 사람들이 함께 모여 만든 '우리 동네 생활 규칙'인 거지.

　조선 시대는 양반, 중인, 상민, 천민으로 신분이 나뉘어 있었어. 하지만 향약은 신분과 관계없이 모두가 따라야 했지. 향약은 조선 중기 이후부터 이 마을 저 마을로 널리 퍼지게 되었어. 선한 일을 권장하고, 나쁜 일을 벌하며, 서로 돕고, 이웃을 사랑하라는 규칙이 담겨 있었대. 더불어 살기 위한 마을 사람들 사이의 약속이자 맹세였지.

　옛날 우리 조상들은 마을 단위로 공동체를 이루어 서로 도우며 살았어. 마을에서 일어나는 모든 경사와 슬픈 일에 함께하고 마음을 나누는 풍습이 있었지. 향약은 이 전통을 이어받아 삼강오륜 같은 유교의 윤리를 더해서 마을의 상황에 맞게 규칙으로 정한 거야.

　향약의 내용은 네 가지 원칙을 지키고 있어. 덕업상권(德業相勸), 과실상규(過失相規), 예속상교(禮俗相交), 환난상휼(患難相恤)이야. 사자소학에도 이 내용이 실려 있지. 하나씩 복습해 보자.

　첫 번째는 '좋은 일은 서로 권한다'라는 덕업상권의 원칙이야. 착한 일을 한 사람들의 장부를 적어 관리하고 서로 돌려 보기도 했대.

　두 번째는 '잘못을 서로 바로잡아 준다'라는 과실상규의 원칙이야. 착한 일 장부처럼 잘못한 일이 있을 때도 장부에 기록해 알리고 바로

이야기 마당

잡도록 했어.

　세 번째는 '예를 지키는 사람과 어울린다'라는 예속상교의 원칙이야. 새로운 사람이 향약에 가입할 땐 조상에게 예를 올리게 했어. 결혼 같은 행사가 있을 때도 유교의 형식을 갖추게 했지.

　네 번째는 '어려운 일이 생기면 서로 돕는다'라는 환난상휼이야. 대표적인 것이 '품앗이' 문화지. 농사 같은 큰 일이 있을 땐 마을 사람들이 모두 힘을 합쳐 서로의 농사일을 도왔어. 마을에서 쌀을 모아 두었다가 어려운 이웃을 돕는 데에 쓰기도 했지.

　향약은 마을의 사정에 맞게 운영되었기 때문에 지역마다 내용이 조금씩 달라. 하지만 마을 사람들이 서로 돕고 더불어 살 수 있도록 협동 정신을 일깨워 준다는 사실만은 모두 같았어. 모두가 향약을 만들고 지켜 나가면서 이웃사랑을 실천하고 지역사회가 발전하는 데에도 큰 도움이 되었지.

8. 수신제가 치국지본

자기 몸을 닦고 집안을 가지런히 하는 것은
나라를 다스리는 근본이고

修 닦을 수 **身** 몸 신 **齊** 가지런할 제 **家** 집 가 는

治 다스릴 치 **國** 나라 국 **之** 어조사 지 **本** 근본 본 이요

 생각 더하기

'수신제가 치국지본'은 내가 바르게 행동해야 가족, 학교, 사회까지 두루 질서가 유지된다는 뜻이야. 내 행동이 사회까지 영향을 준다니 좀 이상하지? 커다란 사회나 나라도 결국 우리 한 사람 한 사람이 모여 만들어지는 거잖아. 바르게 행동하는 사람들이 모이면 그 사회는 당연히 질서 있고 건강해지겠지? 모든 변화는 나 자신에게서부터 출발하는 거야. 이렇게 생각하니 내가 아주 대단한 사람이 된 것 같지 않니?

9. 독서근검 기가지본

> 책을 읽으며 부지런하고 검소함은
> 집안을 일으키는 근본이다

讀 읽을 독 **書** 글 서 **勤** 부지런할 근 **儉** 검소할 검 은

起 일어날 기 **家** 집 가 **之** 어조사 지 **本** 근본 본 이라

💡 생각 더하기

책을 많이 읽으라는 말, 자주 듣지? 책에는 우리가 배워야 할 많은 지식이 담겨 있어. 독서하며 차곡차곡 쌓은 지식은 내가 성장하는 데에 밑거름이 되지. 부지런한 생활과 검소함도 마찬가지야. '독서근검 기가지본'은 바로 이런 나의 성장이 집안의 풍요로 이어진다는 뜻이야. 나는 집안을 이루는 구성원이니까. 적은 노력으로도 충분해. 매일 10분씩 독서하기, 숙제 미루지 않기, 군것질 하나 줄이기처럼 매일 실천할 수 있는 것을 떠올려 보자.

10. 충신자상 온양공검

충성하고 신용 있고 자상하며
온순하고 어질고 공손하고 검소하게 하라

忠*	信	慈	祥	하며
충성 충	믿을 신	사랑할 자	착할 상	

溫	良	恭	儉	하라
따뜻할 온	어질 양	공손할 공	검소할 검	

 생각 더하기

'충신자상 온양공검'은 지금까지 배운 마음가짐을 모아 놓은 말이야. 충성과 정직, 자상함은 물론 온화한 태도와 검소함까지 모두 갖추라는 뜻이지. 나의 품성은 블록 쌓기 게임 같거든. 블록 하나만 빠져도 와르르 무너지는 블록 쌓기처럼 다른 점이 아무리 훌륭해도 한 부분이 어긋나면 온전한 사람이 되기 어려워. 똑똑하고 부지런해도 거짓말하는 사람을 믿을 수 없는 것처럼 말이야.

11. 인지덕행 겸양위상

사람의 덕행은
겸손과 사양이 제일이다

人 사람 인 **之** 어조사 지 **德** 큰 덕 **行** 행실 행 은

謙 겸손할 겸 **讓** 사양할 양 **爲** 할 위 **上** 윗 상 이라

 생각 더하기

'인지덕행 겸양위상'은 내가 잘난 것이 있어도 뽐내지 않는 겸손과 양보가 중요하다는 뜻이야. "벼는 익을수록 고개를 숙인다."라는 속담 들어봤지? 겸손과 사양은 나를 작게 만드는 태도가 아니야. 진짜 실력자는 뽐내지 않아도 빛나기 마련이거든. 오히려 그 태도 덕분에 자연스레 좋은 사람들이 내 곁에 모이게 되지. 겸손과 사양을 실천하는 방법엔 무엇이 있을지 생각해 보자. 시험을 잘 봐도 자랑하기보다 친구가 모르는 것을 가르쳐주는 일 같은 거 말이야.

이야기 마당

같은 마음을 지닌 사람들, 공자의 가르침

어느 날, 공자의 제자 중궁이 스승을 찾아와 물었어.

"선생님, 인이란 무엇입니까?"

공자가 대답했어.

"문을 나설 때는 큰 손님을 뵙는 것처럼 예의를 갖추고, 백성들에게 일을 시킬 때는 큰 제사를 받드는 것처럼 정성을 다해야 한다. 자신이 하기 싫은 일은 남에게도 강요하지 말아야 한다. 이렇게 하면 나라에서도 원망받지 않을 것이며, 집안에서도 원망받지 않을 것이다."

이번에는 다른 제자인 자공이 공자를 찾아와 물었어.

"선생님, 그중에서도 평생 실천할 만큼 가장 중요한 가르침은 무엇입니까?"

공자는 미소를 지으며 대답했지.

"그것은 '서(恕)'다. 자기가 하고 싶지 않은 것은 남에게도 요구하지 말아라."

공자가 말한 '인'은 사람답게 사는 것, 사람을 사랑하는 것을 뜻해. 서로 사랑하려면 상대방의 마음을 잘 헤아리고 친하게 지내야겠지? 그래서 '서'를 행하는 것이 중요한 거야.

'서'는 무엇일까? [서(恕)]라는 글자를 보면 알 수 있어. '서'는 [같을 여(如)]와 [마음 심(心)]이 합쳐진 글자야. '같은 마음'이라는 뜻이지. 공자는 모든 사람이 본래 같은 마음을 가지고 태어난다고 생각했어. 모두에게 '인'의 본성이 있으니까. 그러니 '서'는 서로가 가진 인의 마음을 헤아리고, 내가 원하지 않는 것을 남에게도 원하지 않는 배려의 마음인 거지.

 공자의 가르침을 따르는 유학도 사랑을 중요하게 생각했어. 그런데 유학은 다른 종교처럼 모든 것을 다 사랑해야 한다고 말하지 않아. 내가 실천할 수 있는 사랑만 하라고 가르치지. 이웃을 사랑할 때도 나 자신을 사랑하는 마음을 기준으로 생각하라고 해.

 누군가 내가 하고 싶지 않은 일을 시키면 짜증 나고 싫지? 다른 사람도 마찬가지일 거야. 나를 사랑하는 마음을 기준으로 삼으면 다른 사람에게도 친절하게 대할 수 있는 거지.

 무언가 이루기 위해 노력할 때도 서를 실천하는 것이 중요해. 남에게 피해를 주고 남을 해치면서 이뤄낸 것은 올바른 성취라고 할 수 없어. 나뿐만 아니라 타인까지 함께 위하고 성취하는 것, 그것 역시 '사람다움'을 실천하는 방법이야.

12. 막담타단 미시기장

> 다른 사람의 단점을 말하지 말고
> 자기의 장점을 믿지 말라

莫	談	他	短*	하고
없을 막	말씀 담	다를 타	짧을 단	

靡	恃	己	長*	하라
아닐 미	믿을 시	몸 기	길 장	

💡 생각 더하기

'막담타단 미시기장'은 함부로 남을 험담하지 말고, 너무 우쭐대지 말라는 뜻이야. 나도 모르게 남을 쉽게 평가하는 것을 조심해야 해. 험담은 돌고 돌아 결국 나에게도 상처를 남기거든. 잘난 체하는 것도 마찬가지야. 나를 믿는 것은 좋지만, 지나치게 잘난 체하면 친구들이 멀리하겠지. 실수라도 한다면 내가 더 민망해질 거야. 남의 약점은 감춰 주고, 내 강점은 조용히 실천으로 보여 주자. 그게 가장 지혜롭고 강한 태도야.

13. 기소불욕 물시어인

> 자기가 하고 싶지 아니한 것을
> 남에게 시키지 말라

己 몸 기   **所** 바 소   **不** 아닐 불   **欲** 하고자 할 욕   을

勿 말 물   **施** 베풀 시   **於** 어조사 어   **人** 사람 인   하라

 생각 더하기

내가 당하고 싶지 않은 일은 당연히 친구도 싫을 거야. 별명으로 놀리거나 억지로 할 일을 떠넘기는 것, 허락 없이 친구의 사진을 올리는 것 같은 일 말이야. 행동하기 전에 먼저 '이 일을 내가 당한다면 어떤 기분일까?' 하고 먼저 생각해 봐야 해. 내 마음이 불편하다면 행동을 멈춰야겠지. 무언가를 부탁할 때도 마찬가지야. 상대방이 내 부탁을 거절하더라도 그 마음을 존중해 줘야 해. 내가 먼저 존중하면, 다른 사람들도 분명 나를 존중해 줄 거야.

14. 손인리기 종시자해

> 남을 손해 보게 하고 자신을 이롭게 하면
> 마침내 자신을 해치는 것이다

損 人 利 己 면
덜 손 / 사람 인 / 이로울 리 / 몸 기

終 是 自 害 니라
마칠 종 / 이 시 / 스스로 자 / 해칠 해

💡 생각 더하기

'손익리기 종시자해'는 내 이익을 위해 남에게 피해를 주면, 그 피해가 나에게 돌아온다는 뜻이야. 숙제 베끼기, 새치기처럼 순간의 편함을 위한 이기적인 행동은 나의 신뢰를 조금씩 잃게 만들어. 결국 "쟤는 자기만 알아."라며 사람들이 나를 피하기 시작할 거야. 한번 무너진 신뢰는 다시 쌓기 정말 어렵거든. 눈앞의 이익보다 사람들과의 신뢰가 더 중요하다는 걸 잊지 마.

15. 화복무문 유인소소

> 화와 복은 특정한 문이 없어
> 오직 사람이 불러들인 것이다

禍	福	無	門*	하여
재앙 화	복 복	없을 무	문 문	

惟	人	所	召	니라
오직 유	사람 인	바 소	부를 소	

💡 생각 더하기

'화복무문 유인소소'는 행운과 불행은 정해진 것이 아니라 내가 한 말과 행동이 불러들인다는 뜻이야. 착한 행동은 복을 부르고, 나쁜 행동은 화를 부르지. 결국 운명은 정해진 것이 아니라, 자신의 선택과 행동에 따라 달라진다는 거야. 이왕이면 바르고 선한 행동으로 내게 복이 찾아오게 하는 것이 좋겠지? 《사자소학》에서 배운 것을 돌이켜 보며 내가 실천할 수 있는 것부터 하나씩 실천해 보자.

이야기 마당

주양유의 몰락과 청렴한 선비 홍기섭

　옛날 중국에 주양유라는 사람이 살았어. 주양유는 '태수'라는 높은 관직에 있었는데, 아주 잔혹하기로 악명 높았어. 법을 마음대로 해석하고 자기 마음대로 휘둘렀지. 자기 마음에 드는 사람은 아무리 죽을 죄를 지어도 법을 마음대로 이용해 살려주었어. 미워하는 사람은 사소한 죄만 지어도 온갖 이유를 덧붙여 사형시켜 버렸어. 어찌나 잔혹했는지, 나라 전체에 소문이 돌아서 모두 주양유의 이름만 들으면 덜덜 떨었다고 해.

"내가 곧 법이다!"

　주양유는 점점 대담해졌어. 자기가 가는 지역마다 법을 이용해서 힘 있는 가문을 모조리 굴복시켰지. 심지어 자기보다 직위가 높은 사람도 무시하고 함부로 대했어. 결국, 주양유는 자기 상관과 권력다툼을 하며 서로 죄를 덮어씌우다가 처형되었어. 자기가 한 죄를 그대로 돌려받은 거지. 주양유의 권력은 대단했지만, 그의 죽음을 아무도 슬퍼하지 않았대.

　조선 시대에 살았던 젊은 선비 홍기섭은 몹시 가난했지만, 정직하고 올곧은 선비로 유명했어.

　어느 날, 홍기섭이 책을 읽고 있는데 하인이 급히 달려와 소리쳤어.

"나으리! 가마솥 속에서 돈이 나왔습니다! 일곱 냥이나 됩니다! 이걸로 쌀도 사고, 나무도 사고, 배불리 먹을 수 있습니다! 하늘이 주신 돈인가 봐요!"

5장. 자기수양의 바른길 / 143

홍기섭은 깜짝 놀라 부엌으로 갔어. 정말로 가마솥 속에 은화 일곱 냥이 반짝이고 있었지. 홍기섭은 곧바로 글을 써서 대문에 붙여 두었어.

'돈을 잃어버린 사람은 찾아가시오.'

얼마 뒤, '유씨'라는 사내가 찾아와 사정을 물어보았어. 홍기섭의 설명을 들은 유씨가 다시 물었지.

"혹시 그 돈을 찾겠다는 사람이 있었습니까?"

"아직 나타나지 않았습니다."

그러자 유씨가 말했어.

"남의 솥 속에 돈을 잃어버릴 사람이 어디 있겠습니까? 이건 틀림없이 하늘이 내린 돈입니다. 그냥 가지시지요."

그러자 홍기섭은 단호하게 말했어.

"이건 나의 돈이 아닌데, 어찌 가질 수 있겠습니까?"

그러자 유씨가 무릎을 꿇고 엎드리더니 떨리는 목소리로 말했어.

"사실은 제가 어젯밤에 이 집의 가마솥을 훔치러 왔습니다. 하지만 밥을 해 먹은 흔적이 하나도 없더군요. 집안이 이토록 가난한 것이 안쓰러워 제 돈을 넣어 두고 나왔습니다. 그런데 이 돈을 갖지 않으시고 주인을 찾아 주기까지 하시다니! 대감의 청렴한 모습을 보니 깨달은 바가 많습니다. 도둑질을 멈추고 대감을 본받아 새사람이 되고 싶습니다. 제발 저를 제자로 받아 주십시오. 올바른 삶을 사는 법을 가르쳐 주십시오!"

홍기섭은 잠시 그를 바라보더니, 돈을 건네며 단호하게 말했어.

"좋소. 새사람이 되겠다고 한다면, 그것이야말로 좋은 일이 아니겠소? 하지만 이 돈은 가질 수 없소."

홍기섭은 끝끝내 돈을 받지 않았어. 홍기섭의 이런 올곧은 모습은 많은 사람에게 감동을 주었지. 훗날 홍기섭은 공조판서라는 높은 벼슬까지 올랐어. 도둑이었던 유씨도 그날 이후 도둑질을 그만두고 열심히 공부해서 벼슬길에 올랐다고 해.

✓ 한자 어휘 공부

가정(家庭) ▶ 한 가족이 생활하는 집. 가까운 혈연관계에 있는 사람들의 생활 공동체

家 집 가 | 7급

'집', '가정', '가족'을 뜻하는 글자입니다. '집 면(宀)'과 '돼지 시(豕)'가 합쳐져 가축을 키우는 집안을 표현했습니다.

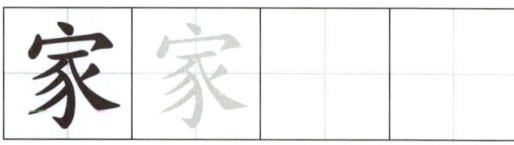

총 10획   ` ′ 宀 宀 宀 宀 宇 宇 家 家 家

庭 뜰 정 | 6급

'뜰', '마당'을 뜻하는 글자입니다. 계단을 올라 큰 집으로 들어가는 사람의 모습을 본떠 만들어졌습니다.

총 10획   ` 一 广 广 广 庄 庄 庭 庭 庭

창문(窓門) ▶ 공기나 햇빛을 받을 수 있고, 밖을 내다볼 수 있도록 벽이나 지붕에 낸 문

窓 창 창
굴뚝 창 | 6급

창문이나 굴뚝을 뜻하는 글자입니다. '구멍 혈(穴)'과 '마음 심(心)', '사사로울 사(厶)'가 합쳐졌습니다.

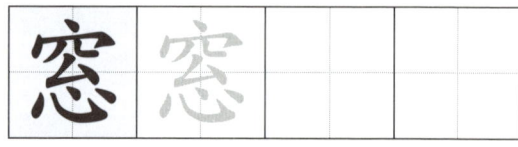

총 11획
` ′ 宀 宀 宀 宀 宆 宆 窓 窓 窓

門 문 문 | 8급

사람이 드나드는 문을 뜻하는 글자입니다. 양쪽으로 열리는 커다란 대문의 모습을 본떠 만들어졌습니다.

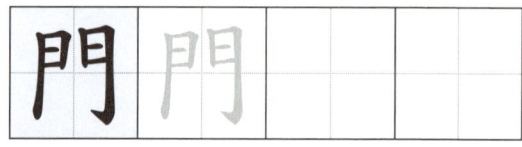

총 8획 | 冂 冂 冂 門 門 門 門

근본(根本) ▶ 초목의 뿌리. 사물의 본질이나 본바탕

根 뿌리 근 | 6급

나무의 뿌리를 뜻하는 글자입니다. 사람이 나무의 뿌리를 쳐다보는 모습을 본떠 만들어졌습니다.

총 10획　一十十十十¹十²十³根根根

本 근본 본 | 6급

어떤 것의 기초나 뿌리를 뜻하는 글자입니다. '나무 목(木)'의 아래에 줄을 그어 뿌리를 표현했습니다.

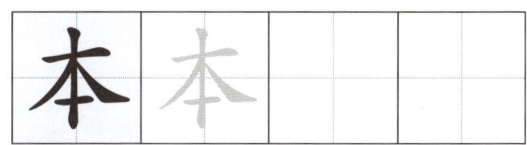

총 5획　一十十木本

신체(身體) ▶ 사람의 몸

身 몸 신 | 6급

사람의 몸을 뜻하는 글자입니다. 임신해서 배가 볼록해진 여자의 모습을 본떠 만들어졌습니다.

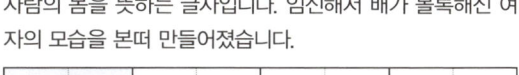

총 7획　′ ′′ ′′′ ′′′′ 自 身 身

體 몸 체 | 6급

사람의 몸을 뜻하는 글자입니다. '뼈 골(骨)'과 '풍년 풍(豊)'이 합쳐져 만들어진 글자입니다.

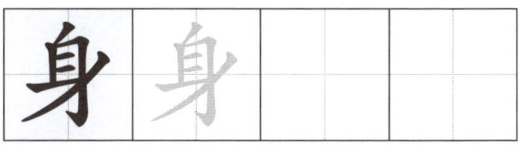
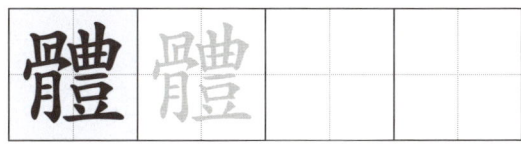

총 23획　１冂冂冃冎骨骨骨骨骨骨骨骨骨骨體體體體體體體

5장. 자기수양의 바른길 / 147

초판 1쇄 인쇄 : 2025년 11월 3일
초판 1쇄 발행 : 2025년 11월 7일

글쓴이 : 전통문화연구회
연구편집위원 : 김현, 권원호, 이충구, 박상수, 이화춘, 이채윤, 이지곤, 신양선
그 림 : 이윤정
기 획 : 바글바독연구소
펴낸이 : 신재성
펴낸곳 : 도서출판 함께

편 집 : 임정희
디자인 : 디자인아프리카
마케팅 : 박현렬

커뮤니티 : edu.dreamlib.co.kr
email : together@dreamingkite.com
대표전화 : 02-6083-9231
전 화 : 02-6083-9239 | 팩스 : 02-6083-9236
영업문의 : 02-6083-9235 (대량구매)
주 소 : 서울특별시 서초구 강남대로12길 23-4 동방빌딩 301호
출판신고번호 : 제2015-000156호
ISBN 979-11-966003-2-7 (73140)

* 이 책은 함께가 저작권자와의 계약에 따라 발행한 것이므로
   내용의 일부 또는 전부를 이용하려면 반드시 함께에 서면 동의를 받아야 합니다.
* 책값은 뒷표지에 있습니다.
* 잘못된 책은 구입하신 곳에서 교환해 드립니다.